AQUARIUS

AQUARIUS

AQUARIUS

AQUARIUS

Catcher

一如《麥田捕手》的主角，
我們站在危險的崖邊，
抓住每一個跑向懸崖的孩子。
Catcher，是對孩子的一生守護。

李崇建——著

麥田裡的老師

【推薦序一】

愛與智慧的故事——令人動容的阿建教學手記

王智弘

第一次遇見崇建老師，是在一所體制外小學的教學研討會上，據說他是曾任教於另一所體制外學校的老師，是個作家，目前開設一間「體制外」的作文班。會場上我與他沒說得上幾句話，但交換了名片，喔！作文班叫做「千樹成林」，好特別的名字。

不久之後，有一天晚餐後我和內人在住家附近散步，不經心逛到一家長相特別的作文補習班前面，居然就叫作「千樹成林」。喔！原來「千樹成林」就在離我家不遠的地方，而且就坐落在另一家「體制內」作文補習班旁邊，對照於「體制內」作文補習班門口貼了滿滿的學生作文比賽得獎獎狀，「千樹成林」門口貼的卻是任課老師的介紹：感覺就像是一群新銳作家的剪影，而令人印象深刻的還有那醒目的綠色招牌上「千樹成林」四個字的書法題字（就是本書中常提到的靈魂人物——老鬍子所題），以及崇建老師和甘耀明老師想出來的，會打動家長心裡的兩句話，「每個小孩都是一棵樹，這是森林的開始。」看完之後，我和太太開始商量要不要把孩子送來學作文。

很快的，我家孩子成了崇建老師作文班上的學生，拿回來的習作，令我印象最鮮明的是出現類似「魔幻寫實」風格式的文章。雖然心裡明白，這與基測的作文級分關聯不大，但是孩子喜歡「千樹成林」的作文課，倒是無庸置疑的。

與孩子的交談中，也得知崇建老師教法特殊，對學生超寬容，課內、課外與學生打成一片，學生都很喜歡他們口中的「阿建」老師，這大約是家長們一般對崇建老師的印象。由於「千樹成林」的一樓大廳像是一個小小的圖書館，櫃台又是由瑤華老師（也是本書中常提到的另一位靈魂人物）所掌管，因此，整個補習班就充滿了「體制外」學校的自由氛圍，倒像是城市中一個小小的學習綠洲，崇建老師就是有本事做一些不一樣的事。

這次，崇建老師要我為他的這本書寫序，我很樂意，可是困難的是希望我限時完成，由於我所服務的彰化師範大學輔導與諮商學系正面臨五年一次的系所評鑑，拿到書稿時又開始進入大學期末成績評定大作戰時期。內人看我寫序一直難有進度，不時從旁善意提醒，「崇建的序寫了沒？」這篇序於是乎就在一邊關心總統大選「雙英對決」票數進展的緊張氣氛下，一邊閱讀崇建老師文稿深有所感的感動情緒中，就著我閱讀時寫下來的一片片筆記小紙片，慢慢架構出我對崇建老師這本書的整體觀感。

看到書稿，真不相信這書是一位作文老師與作家寫的，書中記錄的感人故事，倒是比較像一位學校輔導老師的工作手記，我真想鼓勵崇建老師來我們系上進修在職碩士專班了。他把婚姻與家族治療大師Satir的理論，活學活用在協助學生與家長上。他用「正向好奇」來探索孩子的問題，使學生能不抗拒的逐漸揭露自己，而能找到問題的關鍵。

崇建老師似乎有一種能力，能自在的與學生建立起關係，再逐步進入孩子的內心世界。有一次到「千樹成林」看到他與過去的學生「長耳兔」（出現在他另一本書中的主角）交談的樣子，我霎時明白，在崇建老師與每個學生之間，都有一段師生共同成長的故事，就如同本書上所舉的許多例子，崇建老師在許多「不一樣」的學生心上，都曾留下一個溫暖的角落，也曾協助他（她）們為自己建立起自我成長的動力與紀律。

從閱讀中，我也訝異於崇建老師對於孩子問題的了解，孩子的問題可能來自於家庭，而父母的問題則可能肇因於其過往的家庭經驗，崇建老師對此，似有一種了然於胸的敏感與接納包容的關懷。

家庭問題的代間傳遞，本就是心理諮商與心理治療專業人員經常要去面對的重要議題，孩子的問題行為或許並不如眼見的大逆不道、不可原諒，問題行為背後的難過與不堪，恐怕是老師與父母要去理解與面對的挑戰，崇建老師的寬懷與包容，或許正應了書中所引張愛玲寫給胡蘭成的話，「因為懂得，所以慈悲」。誰說不是呢？在過去悠長的歲月中，許多學習障礙的孩子、注意力缺乏與過動症的孩子、妥瑞氏症的孩子、亞斯伯格症的孩子，在不被了解的情況下，被責備、被處罰，孩子、老師與父母其實都在挫折中受苦了。

崇建老師能夠把許多需要費心照顧的孩子集為一班，有教無類、因材施教，確實是一件不簡單的事。

因為懂得孩子的問題狀況，所以能以更大的勇氣去包容、去承擔這不容易的教育任務，在支持孩子正向改變的過程中，一步一步等待孩子成長的契機。老師與父母們在面對孩子的問題時，確實要有更多的了解，因有了解、才能接納，因有接納、才能陪伴，因有陪伴、才能協助，因有協助、才能引導，因有引導、才能教育。教育是需要愛與智慧的長遠之路。

我常在學校的課堂上向系上立志要當輔導老師、社會工作師，或是諮商心理師的學生們強調，「愛是一門藝術，需要用心、創意與技術」，從崇建老師對待學生的許多例子中，我發現他身體力行了這句話，無論是對山毛櫸、對柚子，無論是在體制外學校或是在作文補習班。

崇建老師坦承從事教育工作的緣由，是為了餬口飯、維生，但是在摸索教學的人生旅途中，崇建老師經歷了自我覺察、自我成長的過程，也協助學生與家長們走上這一條成長之路。我記得作家吳祥輝先生回首其創作歷程，曾提及沙林傑的《麥田捕手》這本書，對這本書我是熟悉的，那是人家問我為何會走上從事諮商輔導工作這條路，除了要歸因於受到我國中時的輔導老師——練友善老師的啟發之外，我一貫要回答的標準答案是，「我要當那麥田的捕手」——守在麥田上、懸崖邊攔住那些要衝向懸崖的人。

這些年來學術與行政工作做的多了，諮商工作做的少了，再這樣回答已感到汗顏，可是在閱讀崇建老師所寫的這本書的時候，你不由得要聯想到沙林傑，崇建老師就一直站在麥田上呀！

「千樹成林」是個好的理想，教育真的是要在孩子的心靈種下一顆種子，崇建老師做得很好，我要為他喝采，這本書是他的心路歷程、教學手記，閱讀之時，時而讓我深受感動，時而讓我低迴不已，我也要效法他的精神，在彰化師大輔導與諮商學系培養更多的「麥田捕手」，我要謝謝崇建，他提醒我們，為了孩子，要記得回到麥田上。

（本文作者為彰化師範大學輔導與諮商學系所專任教授兼系主任、婚姻與家族治療研究所所長）

【推薦序二】

眾裡尋它千百度

王麗卿

武俠小說中的英雄人物，常被塑造成一個充滿正義感的青年遇到各種考驗，在困頓之際有幸得到名師指點、授與寶劍及祕笈，練就一身絕技後在江湖中行俠仗義。幾乎每個人都夢想成為遇難不退的英雄人物，但是英雄背後所承受的艱辛試煉與努力之歷程，卻常常為人忽略。許多領域裡出類拔萃的專業人士在成功之前，也是憑著一股努力向上的信念及毅力經歷著各自的機緣，幸運地創造了成功寶典，作為後人遵循的指引。

為了幫助學習困難的孩子及家長，我也是不斷尋求策略寶典。尤其在特殊教育領域工作了十多年，接觸了許多在學習、行為、情緒因觸礁而出現脫軌的學生，他們沮喪、沒有信心、放棄學習或沉迷網路遊戲，當這些焦慮、無助的家長，被孩子所呈現的問題困擾到身心焦疲，而來尋求協助時，我要他們面對問題的癥結去化解，他們卻渴望能得到最立即解決目前問題的特效藥方。

事實上，孩子的各種問題或親子、師生間的對立情緒並非一夕造成，看得到的問題行為只是浮現出來的冰山一角，形成的原因往往是孩子與父母或教養者的特質，在相處過程中互相影響，累積出錯綜複雜的心理感受及情緒、行為反應。因此，問題的癥結往往出自受傷、受挫的心衍生出來的種種問題，若不去內求調整心與態度的問題，提供的學習方法或情緒管理策略只能短暫奏效。因此，我不斷地尋尋覓覓，從研究大腦及心理學書籍、參加工作坊、研討會等，總希望能找到一種療法或工具，快速地讓當事人覺察到問題的真相，運用正確的心態與策略改善問題。有一句話，「工欲善其事，必先利其器」，就在說明完美的工具或有效的策略完成任務的重要性。找了那麼久，而這個輔導孩子行為有偏差、情緒有困擾、學習有困難的祕笈，竟然在崇建老師的新書中找到，而崇建老師就是那位幸運地遇到名師傳授祕笈，練就一身絕活的俠士，可不妙哉。

許多諮商輔導者很容易把焦點放在孩子的問題行為上，為了導正，常落入說教式的輔導，講了很多大道理，但是孩子根本聽不進去。

輔導的第一層次，孩子要的是接納與心靈的撫慰。孩子被接納，他才願意打開心門，讓輔導者進入他的內在世界，療癒他。崇建老師是個真誠面對自己的人，因此，當他接觸了一些無法在體制內生存，而逃到體制外的「特別的」孩子後，從一個「不太懂教育」，面對孩子層出不窮的問題而茫然、沮喪，他做了一番的深思與探討，教育責任不只是傳遞知識而已，該怎麼做才能解決這些孩子的問題。他認真面對人生的功課而不斷摸索、探究，最後皇天不負苦心人，終於因參加「薩提爾溝通模式」（Satir Model）的研習課程，獲得名師指點及祕笈。

「薩提爾模式」是一個非常有系統的溝通輔導模式，原創者薩提爾女士視個案問題行為為冰山外顯的一角，隱藏在冰山下面的還有許多內在的經驗層次（對應方式、感受、觀點、期待、渴望、本我等）。我在輔導過程中，發覺許多孩子的問題來自個案在成長過程中先天特質與後天環境（父母教養風格、價值觀、期待、同儕關係……）互動、互相影響累積而得的結果，與薩提爾女士的體驗有些不謀而合。我讚賞「薩提爾模式」更完整、有系統的導出深層的溝通模式。

崇建老師是個有心人，他認真地將這個模式帶入他的教學與輔導過程，救了許多在學習、情緒及行為上迷途的孩子，他是從心靈上根本救贖，也解決許多親子間對立衝突的困境。

在書中，他所提供的幾個不同特質及問題的個案，呈現的都是目前常見非常令教養者頭痛的問題，他清楚明確地指出孩子行為或學習上的問題有哪些，該如何引導，並且配合理論做註解。好像一本教養指南，閱讀後讓我欣喜如獲至寶。

說崇建老師是俠士可真是名至實歸，他關心弱勢團體，教育的貢獻還延伸到協助指導許多在家自學團體的孩子。

我真誠地將本書推薦給想要跟孩子建立和諧關係的父母們，及想幫助學生在學習及情緒上得到協助的老師們。願每位父母及老師都能領會出適當的教養模式，引領孩子健全的身心靈發展。願每個暫時迷途的孩子都能得到引導，受到啟發，找到生命的方向。

（本文作者為台中教育大學特教系兼任講師）

【推薦序三】

教育界的啟明燈

吳和芳

年底一向是每個人都很繁忙的時候，薩提爾模式的課程、工作坊、講座等等，也是讓我應接不暇。當看到崇建來信說年前剛完成一本新書的初稿，並在二〇一二年初出版此書，我內心很是激動，並隨即答應為他的新書做推薦序。

崇建對於薩提爾模式的學習及在教育方面的應用，是一位非常棒的踐行者。去年在中國大陸鄭州，為兩百多名教育界的一線教師和校長開辦了為期兩天的「師生互動關係工作坊」，使每一個學員為之感動並緊緊追隨。之前的兩本力作《沒有圍牆的學校》和《移動的學校》也被大家一搶而空。

我本人學習以及傳播薩提爾模式也有十年的時間，跟崇建在香港的薩提爾世界年會上一見如故。他對教育的熱愛，對學生的關懷，以及對薩提爾模式轉化過來的技巧，在師生互動及班級管理中的使用之精采演繹，使我不禁感嘆：原來薩提爾模式對教育事業的貢獻是這樣的恰到好處，美不勝收！

忙碌之餘，讀了新書的初稿，書中之語言通俗易懂，之邏輯流暢，之條理清晰，使我感受頗深，豐富真實而又感人的案例，以及所提出的建議中肯可行，富於實踐性，留下的許多問題引人反思。其提出的教育文化，實乃可貴。因不同的文化，所培養出人的言行、素養、氣質、價值觀等等方面又是何等的不同。書中的敘述裡，又有作者對自己內心世界的真實交流。

讀的過程中，感受到了作者對薩提爾模式在教育方面的應用又深入了很多。作為讀者的我們，尤其是作為老師的讀者，將會收益頗多。你會無意識間發現，自己的思想似乎也隨著這位教育家而變化了許多。想必一定會在教育界再次引起一番新的熱議和討論，再次受到廣泛推廣和應用。

感謝我有這個機會為此新書做推薦序，因為這確實是一本捧起就放不下的書。精闢的文字娓娓道來，沒有華麗的辭藻，卻有真實又令人感動的講述。建議每位家長，每位老師都來閱讀這本書，崇建的書是教育界裡一盞新的啟明燈。

（本文作者為貝曼薩提爾中國管理中心河南中心主任，北大心理學博士、資深心理諮詢師、親子教練、情商訓練導師、身心靈成長導師）

他們的好評與讚譽（依姓氏筆劃順序排列）

朱淑敏（台中市立大里高中教師）——

認識阿建老師是在兩年前的一次演講場合，也是我正為國二叛逆不羈的兒子傷透腦筋之時。很幸運的認識了阿建老師，他不僅點醒了我做母親的管教迷思，也透過他與兒子的幾次對話，讓思緒猶如濁水一般的兒子，逐漸澄澈穩定，有了自己明確、寬廣的視野。

我覺得阿建老師像一位神奇的魔術師，他從不說教，透過故事，讓你接受到源源不絕的愛與關懷。如果您還沒有機會認識他，藉著這本書，您一定會喜歡上他。

何奕慧（新竹教大附小教師）——

大人長大後，往往忘記小孩是如何成長的；老師執教後，常常忘卻學習是如何發展的。於是，在教與學的生命互動歷程中，往往容易從大人的高度、老師的深度，不經意地以「行為」評論學生，而忽略了孩子那猶如深藏於冰山一角下的深層內心世界。

感恩本書裡那一個個「教」「學」交織的故事！經由崇建老師的眼，重見那溫柔而堅持的教育心，藉由崇建老師的心，重建了可實踐且豐收的教育園地。

何軒盛（新竹高中主任、輔導教師）——

本書是崇建以一個個生命故事串連起來的書，崇建也將自己生命成長故事融入其中，彼此碰撞出燦爛的火花，這些亮光可以為父母、老師與關心教育人員們，更加知道如何接近孩子、陪伴孩子與輔導孩子；青少年也可以藉著這亮光更加認識自己，讓自己未來的路更加順暢。

邱振昌（新竹市陽光國小創校會長，陽光書苑負責人）——

在認識崇建以前，接觸教育業有十一、二年，對於處理孩子的問題時，總覺得有一個無形的障礙存在，始終無法跨越；甚至，不知道問題點在哪裡。看了崇建的書，上了崇建的課後，赫然發現，崇建好厲害：他不但可以看出老師的問題，更可以解開老師的疑惑。

自從有了崇建的指導後，在處理孩子的紛爭時，漸漸的可以不帶情緒的處理。不帶情緒可以讓孩子說出心裡話，孩子也比較願意接受指導。

邱華玉（新竹市竹光國中校長）——

邀請崇建到校演講兩次，才有機會認識他這麼一位率真熱情的教育者，也見識到了他的魅力……不管對象是老師或家長，演講回饋都是超乎尋常的熱絡，經常欲罷不能。

他對於千奇百怪的教育問題「很了」，配合薩提爾教育模式的運用，總能協助求助者找到問題的核心及給予有效的處遇，產生有如「診療」般的效益。書中一則則的成功案例、一篇篇動人的故事，十分吸睛好讀，更值得深思與轉化運用。

邱瓊慧（諮商心理師，台中女中心理諮詢顧問）

看著崇建從自身及與孩子的相處經驗，摸索並孕育出有概念又有實例的心法竅門，即使我從事心理諮商工作多年，也覺得獲益匪淺。

更深的感動是，這些真實故事代表著許多孩子，因為得到有品質的陪伴而轉化生命，且這樣的改變也會因為這本書的流傳，繼續發揮正向的影響力，我萬分樂意為文推薦。

陳明柔（靜宜大學台文系副教授）

這是一本關於生命陪伴，令人感動的實作手冊。

每一個孩子都像一本書，當我們讀不懂時，不是書寫得太難，而是大人沒有耐心細細讀他們。崇建對陪伴的孩子們，真是個極有耐心的閱讀者，總是興味盎然地讀著。

他在體制外的教育現場做了許多努力，並且將這些陪伴心法呈現在書中，這本書值得所有想要教出「好小孩」的大人們用心閱讀。

張淑媚（嘉義大學教育學系副教授）

說來實在汗顏，雖然多年來在教育理論中打轉，但是面對孩子的教養卻不免困惑，而崇建雖然沒有學院式的素養，但是卻透過深刻的自我進修與實踐經驗，大大開啟了對孩子教養的另一種可能。

謝謝崇建讓我們看到愛與溫柔的力量如此強大。

黃麗米（桃園大坡國中校長）

崇建老師以文化、規則與應對姿態為綱要，並以個案之間的師生應對姿態實例來加以闡述，讓老師察覺自己的狀態並進一步懂得孩子的心；學習從孩子外在偽裝的行為問題，去提昇內在的渴望，而讓孩子有能力改變自己的命運！

透過此書，我似乎找到為什麼有些老師會受到孩子的敬愛，有些則否！因為不懂得，父母、老師和孩子都受苦了！讓我們從此懂得，而能悲智雙運。

楊淳斐（國立台中科技大學講師兼諮商心理師）

身為教師兼諮商心理師，從書中我聞得出無條件積極關懷的味道，我看得到真誠一致的態度，我也聽得見同理心的語彙，當然我更感動的是崇建願意開放自己家庭及年幼時的經驗，誠實面對自我曾經逃避的一面，而今蛻變出真正豐盛愛心的教育價值觀。

楊惠如（台東縣寶桑國中教師）

很高興，我看到一本可以讓人感動的教育書。

「老師」這份工作應該是專業，我用「應該」兩個字是因為在學校裡，老師的自主權很高，但面對不同狀況的學生，我們除了抱怨之外，究竟還能做什麼？才能夠幫助這群眼神中充滿迷惘的孩子，找到自己的定位？

閱讀本書，對我而言是重新經歷一段省思自己教學的歷程。教育，真的沒有標準答案；孩子，永遠都在挑戰大人的思維。而身為大人的我們也必須學習怎麼當個大人，才能給孩子最佳的引導。

目錄

卷一　我們都想教出好孩子

教出「好」小孩？

我始終相信，無論孩子做什麼選擇，沒有孩子想向下沉淪，都想向上奮進。他們都想成功，想當一個有價值的人。這個目標和我對他們的期望一致，於是我理所當然和他們攜手並進。

什麼樣的教養方法，才能教出「好」小孩？是所有父母與教師關心的課題，因此坊間的教育書大量且多元出版，不僅學者專家陳述理念，父母老師也分享如何教出「好」小孩。偏偏教養有迷思，似乎沒有固定的法則，同一套教養模式，讀者運用起來，卻無法達到書中的成效，這是怎麼回事？

比如教養書常說，「孩子犯錯了，不要只是提醒或恐嚇孩子，要立即執行處罰。」但困擾的是，當你要執行罰則，孩子根本不聽，甚至跟你反抗，那該怎麼辦？

比如，「當父母的要學會別生氣。」但是父母怎麼能做到不生氣？一旦心不平、氣不和，就覺得自己不夠好，感覺教育無比艱難，沮喪極了。

若是閱讀教育理念的書，又常讓人困惑。

比如，「要允許孩子犯錯，讓他們擁有探索這個世界的勇氣。」那孩子犯錯該怎麼辦？尤其當孩子一錯再錯，父母該睜一隻眼，閉一隻眼，還是發一頓脾氣？

比如，「要讓孩子活得快樂！」因此孩子不想學，我們就不讓他們學，那孩子怎麼會有競爭力？

比如，「我們要實行開放式教育，要當孩子朋友，不要過度干預。」但是開放和放任、放棄怎麼分野？大人真的能當孩子朋友嗎？為什麼有一堆放肆的小孩，在我們周遭充斥，讓人憂心忡忡。

何況論調相左的教育理念，更是多如過江之鯽。有的要你嚴格管教，有的要你開放；有的要你從小讓孩子學習，擁有競爭力，有的要給孩子留下快樂童年，不要補習……每個理念都頭頭是道，到底哪個理念才是對的？

我誕生於一九六七年，接受台灣體制教育，從小被老師父母打罵，視為理所當然，從未思索教育課題。當人生走到三十二歲，為了謀生餬口，因緣際會投身開放教育學校任教，卻對教育產生極大困惑。是孩子太頑皮？還是我太不懂教育？怎麼當一個老師、當一位父母這麼困難？我總是很偷懶，想快速得到方法，曾對前輩教師說，「告訴我怎麼教就好了，不要再講那麼多大道理了。」

偏偏教育沒有快捷方式，也沒有標準答案。

在學校裡，沒有人教我如何當一位老師。經常一夥人大談理念，對孩子的問題卻束手無策。尤其在教學過程中，孩子不肯進課堂；進了課堂，學習態度不佳；和孩子同住校園，孩子音樂聲震天價響；校園無人打掃，宿舍髒亂無比；學生晚上不睡覺，白天不起床……孩子無法無天，問題層出不窮，怎麼也無法解決！尤有甚者，孩子出現偏差行為，抽菸、喝酒、打電動與暴力，卻沒有人教導我們，該如何面對？又該如何自處？一旦處理錯誤，卻可能招來指責，動輒得咎。我雖然是老師，卻像父母一樣，陪著他們成長，卻困頓、困惑、困難極了。

學校請來學者專家講座，談的都是理念，有趣的是，若是來談實際做法的人，通常被嗤之以鼻，認為離學校的理想教育甚遠，或者邀他們來學校挑戰，看能不能教出好孩子。

更糟糕的是，當我將教育現場面臨的問題提出來，除了講講理念，也無人能給予有效的做法，即使告訴我們方法，又不一定有效。我很想大聲告訴他們，「**不要再告訴我理念或方法了，示範給我看怎麼做就好了。**」於是我的困惑擴大了，沮喪加深了，只好靠自己摸著石頭過河。

所幸校內一群教師定期聚會，組成支持團體，針對每個學生個案討論，並且給予教師支持，互相討論理念與實踐的方針，分享教學成果與學生的改變，我的方向才逐漸清晰，能力也日漸增強，對教育議題才感到興趣。

這群教師以讀書會、進修方式或校外研習模式帶入，並且模擬教育狀況演練，使得教師能力得以累積，視野更寬闊深刻，累積的實戰經驗也日益美好。

而我得益於薩提爾模式（Satir Model）甚多，這得感謝呂旭立文教基金會推廣，得以跟隨約翰・貝曼博士修習初階與進階課程，影響我甚大，使我人生有了更深層的體驗。因此，我曾數次赴香港與大陸進行教育講座，都是以薩提爾模式為核心基礎，轉化出來的教育模式，於本書所展現的理念與面貌，也是以此為基礎轉化，必須特別說明。

回到這篇文章的主題，如何教出「好」小孩？顯然沒有特別的答案，因為每個人定義的「好」，都不一樣。**但我始終相信，無論孩子做什麼選擇，沒有孩子想向下沉淪，都想向上奮進。他們都想成功，想當一個有價值的人。這個目標和我對他們的期望一致，於是我理所當然和他們攜手並進。**

本書中羅列的個案，為尊重孩子的意見，都徵得當事人同意，以匿名發表，有些孩子受我之邀，也發表自己的意見，或者畫一幅圖畫，共同參與這本書。

然而，如何使教育的目標，更容易達成？雖然沒有標準答案，但是套句胡適之先生的話，「要怎麼收穫，先那麼栽。」仍然有一個比較大的脈絡，值得我們深刻思索。因此，我認為有幾個前提：**文化、規則與應對姿態**，必須先列出來，這本教育書的思考脈絡，都是從這幾項綱目發展而成。

建立主文化

一週撥出一天的時間：親子共同閱讀一本書、聽彼此說故事、寫信給彼此、在家聽聽音樂、全家計畫到野外玩、一起騎自行車、親子共同散步……

一個月撥出一天時間：看一部電影、聽一場音樂會、看一場舞台劇、到美術館走走、一起在家煮飯，一起布置家庭……

將這些活動，成為日常生活的一種慣性，並且以開放的對話，和孩子們分享與談論，是逐步建立家庭主文化的方法。

文化是個難以三言兩語詮釋的辭彙。大至一個民族，小至一個家庭，都有其文化存在，包括信仰、價值、道德、習慣、教養、原則、思想與行為方式……等內涵。龍應台在〈文化，是什麼？〉一文中，講了幾個簡單卻動人的故事，闡述文化的概念，中間小結：品味、道德、智慧，是文化積累的總和，並接著說，「文化不過是代代累積沉澱的習慣和信念，滲透在生活的實踐中。」因為，「日子怎麼過，就是文化。」

談教育，我首先注意文化。我們建立了什麼樣的文化？傳遞給孩子什麼樣的習慣與價值觀？

因為他們言行透露的訊息，那是一整個文化環境陶養出來的生命。

有一回我去演講，一位憂心忡忡的媽媽問我，「家裡的孩子每天打電腦，放了學就盯著螢幕，線上遊戲打到天昏地暗，講也講不聽，不知道該如何是好？」

我問媽媽，「沒有限定他打電動的時間嗎？」**我問她家庭規則，如何被建立的。**

媽媽苦笑說，「有啊！說了也沒用。我生氣了，他才一副不耐煩的樣子，坐在客廳看電視，一樣在浪費時間。」

「說了也沒用。」這是教育議題裡面，我最常被提問的課題，無論是老師或者父母，都有這樣的困擾，我經常使用演練的方式，代替標準答案式的回答，大人通常一演練即知問題所在。為何他們說了也沒用？**這部分牽涉到大人的「應對姿態」**。

當我聽到孩子不打電腦時，就是看電視，不由得讓我有更多好奇。在思索「規則」與「應對姿態」之外，我更好奇他們的家庭文化為何，尤其是家庭的主文化。**我猜測他們家中的主文化，就是「看電視」**。

讓我們設想這樣的畫面：晚餐之後的家庭時間，全家人一起看電視。當小孩日漸長大，需要讀書、寫功課，大人不准他們看電視，孩子們會如何發展自己的生活脈絡？

這個被推入房間讀書的孩子，假設能在學校得到好成績，也許能從家庭的電視文化中，走入努力讀書的世界。但是這樣的比例較少，若是家中缺乏其他良好的文化支撐，即使學校成績出色，仍容易被其他青少年次文化涵蓋生活，比如電玩、電腦、漫畫與輕小說。而大多數的孩子，一旦被推入房間，時間往往被次文化占據，次文化甚至凌駕主文化，成為孩子們家庭生活的重心。

俗諺說，「龍生龍，鳳生鳳，老鼠的兒子會打洞。」作為一位教育工作者，我認為這是教養塑造的環境使然，這也是文化。

我問這位媽媽，「平常家人的休閒活動，都以看電視打發時間嗎？」

媽媽點點頭。

從父母自身建立起的主文化

如此一來，孩子除了打電動與看電視之外，沒有任何具有創造性的活動，又沒有深刻的對話，孩子如何運用留白的時間呢？

我期望媽媽改變家庭的主文化，思索如何建立一個讓孩子更積極、留白時間不打電動，不看電視的環境。

若孩子尚小，主文化的建立，相對容易。若孩子已經長大，家庭應對模式與慣性已經形成，要建立家庭主文化，相對困難，但只要父母有心，仍然可以達成。

一週撥出一天的時間：親子共同閱讀一本書、聽彼此說故事、寫信給彼此、在家聽聽音樂、全家計畫到野外玩、一起騎自行車、親子共同散步……

一個月撥出一天時間：看一部電影、聽一場音樂會、看一場舞台劇、到美術館走走、一起在家煮飯，一起佈置家庭……

將這些活動，成為日常生活的一種慣性，並且以開放的對話，和孩子們分享與談論，是逐步建立家庭主文化的方法。

一旦主文化建立了，即使孩子有次文化，父母也無須太過擔心。

若是找不到家庭的主文化，就試著建立一個小小的文化，即使是小小的步驟，只要努力維持下去，成為一種慣性，就會看得見力量。但是我們必須了解，「文化」的建立與影響，非一朝一夕之力，而是日積月累之功。

回到剛剛那位媽媽的故事，當她聽到我這樣說，卻很無奈的表示，「夫妻都很忙，那該怎麼辦呢？」

我僅是邀請她立刻去做，沒再多說話，接著和她演練應對姿態，如何和孩子討論留白時間。我當時心中的想法是，「把平常看電視的時間，撥出一個晚上的時間而已呀！靜下心來，改變習慣，建立一個新的習慣，只是這樣而已。」

該怎麼辦呢？真心想改變的大人們，當孩子告訴我們很多理由，說明不想自己改變，我們期望孩子怎麼辦呢？當孩子遇到挫折，有各種理由不想面對的時候，我們又期望孩子怎麼面對呢？

將這種情況放回自身，當我們在教育上遇到挫折，教育的方式需要改變，我們又是如何因應？是立刻嘗試？還是在現狀繼續打轉？如果我們期望孩子更有勇氣，不怕挫折，勇於改變，自然也要從自身做起。

我認為，這也是文化。

建立規則

人生很長遠，並非考到明星學校就是解答，未來還有更多難關待檢驗，社會上不乏高學歷自殺或者犯下重大錯誤的例子，也不乏高成就者犯罪的事實，因此我並不認為短暫的考學光環是唯一的結果。

中國人常說，「國有國法，家有家規。」來表明秩序的建立，就好比日月星辰，各有運轉軌道。過去在父權結構的體制下，家庭規則就是傳統，長輩的話就是權威，鮮少有人敢反抗，這樣的優點是井然有序，然而缺點更大，因為沒有人喜歡被權威壓迫，因為遊戲規則掌握在少數人手裡。

現今是二十一世紀，人民可以批判政府，總統會被人民趕下台，某種程度而言，權威已經解構了，至少不再那麼至高無上。

當權威逐漸解構，縮小干涉或跨越規則的力量，那麼公平且切實執行的規則，維繫社會秩序將更有效率，這是民主法治社會的概念之一。反過來說，不公平且未切實執行的規則，無法讓團體有秩序。因此對共同生活的群體而言，主文化並未建立，秩序的維持若非清楚的規則，而是某種默契，或者仍然依賴權威，秩序的建構顯然相對困難，這樣的狀況，最常發生在規則不明確的家庭和班級之中，更何況規則的執行者，又是父母與教師，讓情況相對複雜。

很多人在家庭與班級經營上，仍然緬懷過去君主威權時代，採取「恩威並施」的模式，主張威嚴體罰與獎賞，並且大聲疾呼，「教師與父母若不體罰學生，教育該怎麼辦？」甚至以某某孩子考上明星學校，作為體罰結果的辯證。但人生很長遠，並非考到明星學校就是解答，未來還有更多難關待檢驗，社會上不乏高學歷自殺或者犯下重大錯誤的例子，也不乏高成就者犯罪的事實，因此我並不認為短暫的考學光環是唯一的結果。

教育中最偷懶的方式

我曾在網路上，收過數封大聲疾呼恢復體罰的文章，但我認為，「體罰」（威）與「寵」（恩）小孩，都是教育中最偷懶的方式，也帶來最負面的影響，這些理念太多人辯證，無須我贅述。

況且，當我們也不相信權威，也會對權威批判，這樣的文化養成，將具體而微顯現在我們的家庭與學校中，孩子當然不容易服從權威。

姑且不論人的價值與理念，單就教育成敗而論，在現今社會的環境下，因為「體罰」或「寵」而教育成功的比例，我認為太少了，不足以推廣給所有父母與教師。但父母與教師的確束手無策，當他們遇到教育的困難時，沒有人可以給予支持，指出比較具體的道路，然而即便如此，「體罰」也不能解決問題，反而增加更多後遺症。因此我在傳遞教育想法的時候，理論講得比較少，通常以「支持團體」與「教養體驗」的模式，引導出教育的心得。

在家庭與班級中，父母與教師應該思索的是，規則如何被傳達與建立？當孩子違反規則，大人如何給予回饋？並且切實執行？但這樣的管教方式，並非以高壓的手法，使用懲罰或造成孩子愧疚感的手段，進行嚴加控制，也不是以父母的喜怒哀樂反應，作為行為的回饋。

坊間的親子教養書，不乏建立規則的實例。比如我寫作此刻，博客來暢銷的教養書，《梁旅珠教養書》（寶瓶文化出版），以及林奐均的《沒有不受教的孩子》（如何出版社），都明確表達規則如何建立，無論你認不認同這樣的教養方式，他們都建立了穩定的家庭規則。

當然，這些作者的家庭，都有堅實的家庭文化，還有最細膩，且不易讓讀者看出端倪的應對姿態，達成他們理想的教育方式。

以「愛」為後盾，建立規則

當孩子從襁褓中逐漸成長，他們的言行舉止，除了與生俱來的個性之外，受家庭文化的陶養最大。但孩子們正在摸索世界，以他們的勇氣與好奇去探索，一定會犯錯，或者逾越了界線，這是相當自然的事情，如何保有孩子的活力，又能讓孩子學習負責，牽涉到大人如何傳達與建立規則。

首先，大人必須覺察「應對姿態」，和孩子傳達想法，也容許孩子質疑與討論，但仍要建立規則，並且確認規則與承諾。

當規則被建立之後，要切實執行，就會形成一種秩序，這樣的案例可以參考本書〈對規則抗拒的孩子〉與〈課堂衝撞不安的孩子〉兩篇。

規則的建立，最好清楚簡單，絕對不能多，父母師長要以「愛」為後盾，而不是以軍事化的管教為基礎。

大人也絕對不可以扮演檢察官，或者員警，偷偷偵察孩子有沒有犯錯，這樣會適得其反。而且親子與師生的關係，一旦簡化為員警捉小偷，損失將更巨大。

大人必須了解，當規則清楚，家庭的主文化確立，就不必對太多細節操心，也不會對孩子偶爾犯錯而焦慮了。

而建立規則，執行規則時最需要注意的，便是接下來要談的應對姿態了。

應對姿態

我認為教養孩子，從冰山的層次演繹，是連結孩子的感受，連結孩子的渴望，常能達到我們教養的目的，因為沒有孩子不渴望成為一個有價值、被愛、被接納，且有意義的人。

什麼是應對姿態？以大家熟知的電影說明，二〇〇四年賣座的法國片《放牛班的春天》（Les Choristes）裡的馬修老師，他對應孩子犯錯的態度，與法國新浪潮導演楚浮《四百擊》（Les Quatre Cents Coups）裡的法文老師，處理安端犯錯的態度，兩相比較便能一窺端倪。或者從二〇一一年賣座的印度片《三個傻瓜》（3 Idiots），教授應對學生的態度，也可以看出教育者的姿態，對學生而言，產生什麼樣的感覺與影響？我們不妨思考，和孩子每天相處的父母與教師，什麼樣的態度會是最佳選擇？帶給孩子正面的影響？

如何培養一個人格健康、獨立、負責任、自我控制、好奇心強、有抗壓性的孩子？而不要教養出懷疑、情緒化、易被激怒、有敵意、自我控制力弱、無法承受壓力的孩子？除了讓孩子清楚行事的原因及道理，還需要教育者提供的支援與溫暖，因此教育者的應對姿態，成了教育的關鍵。

當孩子不符合我們期待，你會以什麼樣的方式應對呢？比如：**孩子大聲喧譁，你感到被干擾了，你以什麼方式回應？**

第一種，「給我過來！誰教你這麼吵的？」「吵什麼吵？給我安靜一點。」「煩死了！再吵我就揍人了！」「某某，你是聾子呀！叫你安靜聽到沒有？」

第二種，「可不可以安靜點？」「求求你們別吵了。」「拜託你們安靜好不好？」「你們知道我的頭很痛嗎？」

第三種，「如果一直吵鬧，你們就不是文明的人，就是沒教養，因為……」「有水準的人絕對不會這麼吵，而且也聽得懂人話，因為……」先忽略不管，等到有機會時說，「亞里斯多德說：人是理性的動物。你們怎麼聽不懂呢！」

第四種，「你看這個好有趣！我們到外面玩好不好？」「你們在玩什麼？我也要玩。」不知道自己被干擾，選擇忽略。

有類似經驗的人知道，上述四種狀況，要讓孩子學會尊重別人，時有成效，但多數效用不大，或者暫時有效，但長時間陷入反覆的情況，讓人煩躁不安。尤其遇上妥瑞氏症、過動症與亞斯伯格症的孩子，更是讓人無奈。

我從薩提爾模式的個人內在冰山隱喻，以及求生存的應對姿態，學習如何覺察自我，並且轉化成應對學生的溝通姿態，發現了一些有趣的現象。

當我覺察自我更敏銳，**跟自己的「渴望」**（請參考四十七頁的冰山圖）**連結，也和孩子的「渴望」連結時**，我們的溝通品質就更好，教育的目標更容易落實。

上述四種狀況，在薩提爾模式中，歸納為四種姿態。

第一種應對姿態，接近「指責」（Blaming）。比較在乎自己（受到干擾），在乎情境（不應該吵鬧），但忽略他人（孩子的感受）。這樣的姿態，常造成孩子的恐懼、反抗或者煩躁。「指責者」在言行上常呈現指責、斥喝、恐嚇、批判與控制的態度。當事人心裡的感受，常感到憤怒、挫折、受傷與孤單。

第二種應對姿態，接近「討好」（Placating）。比較在乎他人，在乎情境，但忽略自己。這樣的姿態，常讓孩子爬到頭上來，或者不在乎大人說的話，有時也讓孩子煩躁與愧疚。「討好者」在言行上常呈現懇求、依賴、乞憐與過分雀躍。當事人的心理感受，常感到受傷、難過、焦慮、不滿與被壓抑的憤怒。

第三種應對姿態，接近「超理智」（Super reasonable）。比較在乎情境，重視道理。但忽略他人與自己。這樣的姿態，常讓孩子覺得疏離，不想親近。「超理智者」在言行上比較冷淡，嚴肅而喜歡提出建議，表情比較僵硬，予人高人一等的感覺。雖然外表顯露少許情緒，但內心極為敏感，害怕失去控制。

第四種應對姿態，接近「打岔」（Irrelevant）。忽略了自己，也忽略他人與情境。

「打岔者」在言行上呈現不安定，或者爭取他人注意力，常不能專注談一件事，避開有關情緒或個人的話題，也喜歡講笑話。這樣的姿態，雖然讓人覺得有趣，也易使人困惑，卻不能觸及真正的問題，受教的孩子言行也可能無法聚焦。

在薩提爾模式中，上述四種姿態，每個人都可能在不同壓力，不同事件時，出現各種姿態。一般人通常會有一種主要的應對姿態，或者面臨壓力時的即時反應，亦即慣性的姿態。這些姿態是我們從童年時期，為了應對世界，為了求生存，從而發展出來的姿態。

薩提爾模式提出第五種應對姿態，稱之為一致性（Congruent）的姿態。在應對上能同時關注自己、他人與情境。在言行上呈現出有活力、有創造力、有生命力、能接納的、富有愛心、說話帶有感受、聆聽他人、開放且願意分享（註一）。

真誠的表達自己，是最好的溝通

我在體制外中學任教時，開始學習薩提爾模式，使我懂得和父親相處，懂得和孩子溝通。誰能料到，這個簡單的應對模式，只是透過自我覺察，竟然能發揮這麼大的效果？我覺得有趣極了。

在這幾年的教學過程中，我發現一致性的溝通姿態，在和學生談話、班級經營與授課上，都更有品質與效率。即使是帶領過動症、妥瑞氏症與亞斯伯格症的孩子，成效也很大，能幫助孩子專注，同時示範了絕佳的溝通模式。

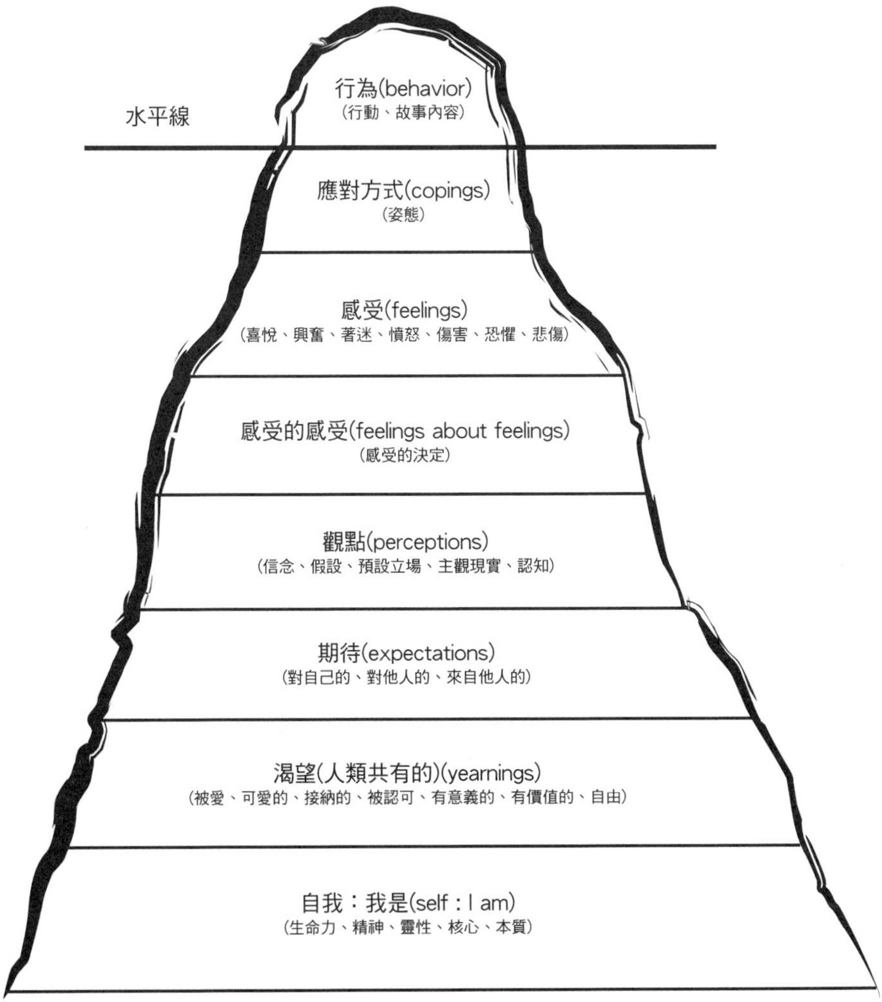

薩提爾模式——個人內在冰山的隱喻

但是這裡必須說明的是，**一致性的溝通姿態，目的並不是去改變別人，而是真誠的表達自己**，當教育者懂得更真誠表達自我，解決問題的方法也就更清晰容易了。

因此，教師在班級經營，父母和孩子互動時，覺察並調整自己的姿態，更容易達到教育者的目標。然而，要如何達到一致性的溝通姿態呢？我提供幾個簡便的方式，讓我們在和孩子互動時，覺察自我的應對姿態，使我們「趨近一致性」的姿態，提升溝通的品質（註二）。

薩提爾女士把個體行為視為冰山外顯的一角，隱藏於冰山底下的，還有許多內在的經驗層次。這個冰山圖，是一個隱喻的圖像，表達人內在的各個層次，只要透過自我一層層的檢視，讓自己了解深層的內在，表達出更真實的自我，就能達到一致的姿態。

當我們透過覺察，調整為一致的姿態，也藉由這個冰山圖，以溫暖堅定的態度，幫助別人探索自我，使別人也達到一致性的姿態，為自己負責任。

薩提爾模式被使用在心理諮商領域，幫助個案覺察，協助個案改變，都有具體的成效，尤其是冰山的隱喻，常在治療時探索個案十八歲以前的圖像，改變案主內在的慣性，改變案主的冰山內在。

而我發現以一致性的姿態溝通，並不需要像心理諮商治療，尤其和十八歲以前的孩子對話，以冰山脈絡為隱喻，有助於我們引導孩子走向更正向堅實的人生，孩子也容易被一致性引領，變得心靈沉澱清明。

但是薩提爾模式，是一個以體驗為主的模式，透過文字不容易讓人真正明白，或者讓人以為明白了，但並未有體驗感悟。因此，每次我進行教育講座，將薩提爾模式運用在教育領域，都是以模擬教育現場的狀況，達到理解與學習的目的。

然而我仍試圖用文字來表述，以簡單文字說明冰山層次的運用，如何透過冰山自我覺察？並且在文字說明之後，提供一個最簡便的覺察方式，使人趨近於一致性，因此接下來介紹的文字，可能會不斷重複某些方法，目的是讓讀者更能理解。

我剛開始接觸薩提爾模式，是學校邀請講座來校時教導，我內在的覺察並不迅速，情緒仍舊常卡住，即使知道要覺察，也被情緒控制了，不會立刻靜心。

當自我被情緒綁架

那是二〇〇一年夏季發生的事，我和瑤華老師嘔氣了！事件是學校要到某地參訪，我因交通不便，想請交情好，又有車的同事幫忙載我一程。但是瑤華卻以冷冷的，我聽起來不太友善的語氣說，「誰要載你呀！」

聽到這樣的回答，我一句話也不想回應，內心下了一個決定，再也不想理會瑤華了。

如果當時有人問我，有沒有生氣？我一定會說，「沒有！」

那我的感受是什麼呢？事實上我能夠覺察到表層的第一個**感受**，就是「生氣」，但我一定不想承認，因為瑤華只是沒答應載我，**我生氣實在太丟臉了。（感受的感受）**

因為我的**期待**沒有被滿足。然而期待未被滿足，是很平常的事，為何我會生氣呢？在我的「**觀點**」裡，既然身為同事，我又將她視為大姊，有那麼好的交情，她卻拒絕我。更重要的「**觀點**」是，不載就不載嘛！何必用這麼輕蔑的語氣？

從上面這一段自我剖析，可以看到這個事件發生之後，我至少有兩種「**觀點**」呈現。在感受上並不願意承認，也不接納，更不可能探索，甚至除了生氣之外，我無法接觸其他感受。

那會發生什麼事呢？若是我和別人爭執吵架，我大概也不知道自己在吵什麼，只會感覺憤怒的情緒到處流竄，因為我的內在有兩種「**觀點**」遊走，**內在還未被覺察的感受浮躁亂撞**，無法觸碰到自己真正想要談論的問題，因為我也不真正了解自己。

如果我的姿態是指責，我大概會很生氣的回應她，「不載就不載，有什麼了不起？口氣不必這麼差吧！」

如果我的姿態是討好，我大概會壓抑住生氣，有點兒惶恐的回應她，「喔！不好意思。」

如果我的姿態是打岔，我可能會為了緩和不自在，以搞笑回應她，「喔！因為我不是帥哥。」

但是我的姿態是超理智，我登時板緊臉孔，外表嚴肅，不再跟她對話。

我為這件事生氣很久，在學校中遇見瑤華便顯得僵硬冰冷，彷彿和她冷戰似地，不想搭理她。**（這是冰山之上的行為。）**

瑤華和我感情很好，如同姊弟般的情感，一旦我對她冷淡，她不久便感受到了，卻不知道我為何如此，但她看到我冰冷僵硬的表情，也不敢和我核對，回到她原本的慣性姿態，以討好的姿態對待我，常問我要不要吃東西，問我要不要一同去哪兒，想借給我很棒的電影錄影帶。但是我的姿態是超理智，對於她的討好，我一概冰冷的拒絕，不再多說話。

我心裡有一個聲音：再也不想理她了。

我的超理智姿態，勾起了瑤華過去面對權威的經驗，也勾起了一些尚未處理的情結，她覺得既無奈且難過，將這個情況分享給天安知道。

天安和我不僅相熟，也剛剛進入薩提爾模式學習，過來關心我的狀況，是不是和瑤華有什麼不愉快。天安的態度溫和，語氣平穩，不至於讓我不自在。

我怎麼回應呢？我若無其事的對天安說，「沒有呀！什麼事也沒發生呀？怎麼了嗎？」

天安告訴我瑤華的情況，我還故作吃驚的回應，「是喔！我不知道！」

天安很直接且明確的表達了關心，沒有質問我，只是表述他所知道的資訊。

不過我不想談論，還故意裝蒜。

天安最後拍拍我的肩膀，臨走前對我說，「嗯！也許真的沒有問題。如果有的話，邀請你和瑤華核對一下，直接說出來比較好。」

當天安離開了，我靜靜坐在房間中，窗外的暮色已經降下來了，我沒有開燈，只是靜靜地坐著，心中有一種悵然，我到底在幹什麼呢？這樣的狀況不是第一次了，對家人、朋友與同事，都發生過類似的狀況，我怎麼會一直使用這樣的方式應對呢？我感受到胸膛卡住了，很悶，很不舒服。

當我深深的呼吸之後，我感到幾種**感受**並陳，除了最初表層生瑤華的氣之外，**我還生自己的氣，還感覺到難過、受傷與痛**。

後來覺察的這些感受，一開始就已經潛藏在身體了，只是被生氣的感受壓住，我若不意識，不主動覺察，不會碰觸到這些感受，內在便會浮動亂跳，深層的觀點也不容易覺察。

當我被生氣的情緒控制，我便以慣性姿態應對，以超理智的姿態回應世界，沒有機會覺察自己。這時候若是誰來對我說教，對我說道理，懇求我，指責我，對我都沒有效用，反而讓問題更複雜。但是張天安以**趨近一致**的姿態，表示關心與詢問，立刻開啟了我的覺察性。

若我是一個犯錯或行為不當的孩子，張天安是一個老師，他僅僅是以**趨近一致性的姿態**和我簡單對話，我就有了改變，我的改變在於感受更豐富了，覺察性更深了。

若我是一個孩子，即使沒有改變，只要張天安持續以這樣的態度關懷我，我更願意敞開心胸，這可以說明本書記錄的孩子們，為何會願意改變的原因之一。

當我開始覺察自己的感受，並與自己的感受相處，發生了什麼事呢？我開始流淚，並且感受到身心更深處埋藏著難過。

童年留下的陰影

我覺察在深深的難過之下，出現了一個圖像，那是我母親走在隧道裡的畫面，而我站在光亮的隧道一方，母親在黑暗的隧道中，背對著我，朝向另一個光明的隧道出口前行。

為何會有這樣的圖像出現呢？我並不了解。但當我深呼吸，有意識地靜下心來，開始覺察的時候，冰山下層不常顯現的事物，變得異常清明。

我覺察心靈裡，有一個**早年未滿足的期待**，這個未滿足的期待是關於我母親的離去，我**有被遺棄的感覺**。

這個未滿足的期待，使我衍生出一個潛藏的**觀點：不會有人理我的，因為我不是個好孩子。**

而這個觀點連結的渴望是什麼呢？是**我渴望被愛，渴望自己有價值。但我認為自己不被母親所愛，我不配被愛，我沒有價值。**

從上述的脈絡可以看出來，最初浮在表象層次的**生氣感受**減弱不少，取而代之的**主要感受是難過**，還有其他不同的感受出現。

最初的表層**期待是希望有人載我**，在靜心探索之後，出現了更深的**童年的期待**。

從瑤華不夠**朋友的觀點**，轉換成更深層的**不會有人理我的觀點**。

與此同時，我可以觸及內在的**渴望**了，那是置於期待之下，冰山下層的區塊。

但我真的不被母親所愛嗎？母親只是在我童年時期，做了另一個選擇，但我對她的選擇有深深的憤怒、哀傷與失落，並且感到受傷。

我因此有了一個機會，透過此刻與母親對話，那是一個想像的母親圖像，我對母親的圖像表達了憤怒、失望與哀傷（承認感受，接觸感受）。

透過自己的同理，原諒我的母親，甚至使用不同的眼光欣賞母親，並且正視自己已經長大，可以為自己負責，給自己關愛，不必等待母親的愛，這是在**渴望的層次給予自己滋養**。並且將瑤華拒絕搭載我的回應，和母親童年的離開區隔，不要混為同一種事件。

當我認真審視自己的內在，各種感受、觀點、期待與渴望不斷浮現新的訊息。

最後我**感受**到一絲小小的**遺憾與悲傷**，還有充斥在心靈裡的**感動**，和一股深沉的**平靜感受**。

我對瑤華的**期待**改變了，因為她是可以拒絕我的，而且我沒有核對緣由。我還對自己有一個期待，可以如實表達自己，並且為自己負責任。

我的**觀點**也改變了，拒絕載我並不一定不夠朋友，那是她如實表達的方式，朋友應該懂得拒絕。先前，我為瑤華的拒絕感到生氣，雖然不是成熟的表現，但我此刻很勇敢面對。

在**渴望**的層次，透過和母親的想像對話，透過自我的滋養，我看見自己曾經被關愛的圖像，我連結幼年時期母親對我的呵護，並不是不值得被愛。

我在整理完自己之後，決定鼓起勇氣，到瑤華家為自己的態度致歉，坦誠的說出自己內在發生的過程，以及自己為什麼卡住。

我們分享了彼此的內在歷程，在冰山各個層次的變化，那是一個很棒的過程。

我藉由一段過去經歷，具體說明冰山圖像轉變的樣貌，各個層次的感受、觀點與期待浮現狀況，逐漸了解更深層的自我。

但是對一般人而言，這並不是容易理解與操作的方式，比如當我覺察了難過、受傷與痛，為何會出現我母親的圖像呢？這個連結是我多次練習冰山層次的結果，因為這不是介紹薩提爾模式的書籍，我不再進一步表述。

我在此處轉述這個過程，是要說明「一致性」態度對溝通的正面影響，是透過覺察冰山各層次轉化而來，以及當人連結渴望層次時，所產生的正向力量。當父母與教師以「一致性」的姿態溝通，將會涵養出一個豐富、正向、擁有愛與有價值的孩子。

既然如此，一般人如何透過冰山圖像，導入教育覺察，並且「趨近一致性」呢？因為一般人不容易立刻有這樣的覺察，接下來我要介紹簡易的方式。

首先，我們據冰山圖的各個層次，檢視父母或教師和孩子溝通的狀態，**通常聚焦在故事上（外在事件），聚焦在自己感受上，聚焦在表達自己的觀點或者對孩子的期待**，但這樣的表達，往往達不到我們想要的教育目標。

回到剛剛例子：**孩子大聲喧譁，你感到被干擾了。**

除了上述四種應對姿態，我從一般人發展的語言簡單歸納，對照冰山各層次，父母便可以從自己的回應，看看自己從冰山哪一個層次出發：是誰在這裡吵鬧的？**（事件）**再這麼吵我就生氣囉！**（自我感受）**下次不可以這麼吵，知不知道？**（我對孩子的期待）**這麼吵就不是有禮貌的小孩。**（我的觀點）**

為了讓讀者更了解，我再從冰山各層次演繹，當父母或教師和孩子溝通或教育時，看一般人應對的狀況。

發生了孩子大聲喧譁的事件：

大人聚焦在自己感受上：父母與教師回應孩子的行為，從自己的「感受」出發，但沒有覺察自己的感受，或者意識到要整理自己感受。因此一般人若不是發脾氣，就是壓抑脾氣，也可能難過悲情，或是壓抑難過。——想要以自己的**感受**控制孩子，改變現狀。

大人聚焦在自己期待上：心裡面期待孩子做好，期待問題能夠解決，不停的要求孩子，告誡孩子。——表達自己的**期待**，想要改變現狀。

大人聚焦在自己觀點上：認為孩子不應該犯錯，想要說服孩子。——表達自己的**觀點**，想要改變現狀。

我觀察一般人在教養孩子時，經常從**自己表層的感受**、**觀點與期待**出發，想要改變孩子的狀況。往往達不到我們想要的結果，教育問題時常卡住，因為要改變孩子的行為，改變孩子的觀點，**並不是以感受控制孩子，並非告訴孩子你的期待，也不是以道理、觀點與規條說服他，就能達成目的。**

我邀請讀者，閱讀到此處能夠停頓一下，或者讀完本書之後，重新回過頭來審視，找一個發生過的事件，思索自己要改變他人，改變孩子的時刻，從冰山哪個層次演繹？效果大不大？

沒有孩子不渴望被愛

我認為教養孩子，從冰山的層次演繹，**是連結孩子的感受，連結孩子的渴望，常能達到我們教養的目的，因為沒有孩子不渴望成為一個有價值、被愛、被接納，且有意義的人。**

若是我們更改上述語言，將溝通聚焦在「孩子的渴望」層次，並且趨近一致性的溝通姿態，試試看效果是不是比較好呢？這裡必須說明的是，文字呈現的缺憾是無法表明語氣，其次是聚焦「孩子的渴望」的對話並不是背誦某種公式，每個人都可以有各種表述方法。

聚焦「孩子的渴望」之前，大人要達到「趨近一致性」的姿態，**簡便的方式是深呼吸，並且覺察內在感受**。

首先，大人緩緩告訴自己靜下心來，再深呼吸起碼三次，若是呼吸平順，沒有卡住，再覺察自己內在是否平靜且穩定？若是平靜穩定了，則比較趨近於一致性。若是胸口不順暢，或者呼吸不夠深，也許有隱藏的情緒在身體裡，簡易的做法參照後面一段「覺察感受」，調整自己的姿態「趨近一致性」。

當姿態趨近一致，走到孩子前面，拍拍孩子的肩膀，以堅定和緩的語氣告訴孩子：你們這麼大聲（事件），吵到我了（我的訊息）。不過，你們平常都表現得很好（連結孩子的渴望——有價值的），今天是不是忘了書房不能喧譁？（**好奇孩子的行為，並表達規則**）

若是要照顧孩子感受，可視情況問，「我這樣說，你們會不舒服嗎？」

我並非要大人每次都這樣說話，而是可以選擇各種姿態應對，因為不同的應對姿態，帶來不同的感受與回饋。

當每個人使用一致性的姿態談話，談話內容並不是全都相同，而是更能準確表達自我，連結他人的正向資源，並且運用自身內在豐富的資源。

那怎麼樣知道自己比較「趨近一致性」呢？深呼吸之後覺察自我內在感受，承認感受，與自我內在的渴望對話之後，稍稍停頓。在整理之後，說話的聲音會趨於平穩（不會粗暴、不會急躁、不會提高音調、不會疏離），神態會趨於淡定，眼神會趨於專注，對話會表述真實訊息，談話比較開放且富於探索。

若是遇到衝突事件，邀請自己在言行上稍稍停頓，或者不要立即處理，暫時別過頭去，緩緩深呼吸，覺察情緒，與情緒共處，試著和自己的內在渴望連結。但是一般人剛開始操作，可能不會那麼順遂，不容易靜心覺察，也不容易達到理想境界。但請不要放棄，只要持續操作幾次，一定會在應對姿態上有所改變。

若是遇到衝突的當下，在試圖靜心之後，仍舊以舊有的慣性姿態應對，也請不要灰心，因為已經開始走向新的方法了，只是還沒有這麼快速收到成效，邀請自己在晚上睡覺前，關上電燈，靜靜的坐著，深呼吸三到五次，覺察自己體內的情緒，是否浮躁？難過？憤怒？無奈？沮喪？並且找出最主要的情緒，和這個主要情緒相處，承認這個情緒。

並且給自己一個欣賞，欣賞自己的勇敢，欣賞自己的努力，欣賞自己試圖當一個更棒的父母、教師（在渴望層次連結）。這個程序僅僅十分鐘就可以結束了，只要每晚持續一個星期，可以感受到巨大的改變。

這個簡易方式，當我引導父母與教師練習之後，很多人給了我正向回饋，表示教養過程更順暢，家庭或班級氣氛更提升，也更知道如何調適自我。

我也邀請有心的讀者們，從深呼吸開始，不妨時刻覺察自己的感受，連結自我的渴望，檢視自己的聲調神態是否趨近於一致性？這個方式剛開始練習時，會有點兒不知如何著手，但只要練習幾次，就能有所感受。如我現在面對困難，覺察自己有情緒，可以在瞬間整理自己，使自我趨於一致性。

本書各篇呈現的案例，讀者可就我和孩子的對話，揣摩自己和孩子遇到這樣的情況時，會使用什麼態度？會如何應對？對話是否連結到孩子的「渴望」層次？孩子在觀點、期待與行為上，有何改變？並且檢視自己遇到這樣的問題時，會有什麼樣的對話？什麼樣的應對姿態？便可更理解應對姿態的脈絡。

覺察感受

人時時刻刻都有感受，但一般人很少意識到自己的感受。感受是：憤怒、難過、悲傷、孤單、焦慮、寂寞、平靜、尷尬、害怕、沮喪、挫折、安慰、煩躁、感動、興奮、受傷、喜悅、著迷……

在教育的過程中，很多大人不允許孩子表達感受。比如不准孩子生氣、不准孩子哭泣、不要孩子焦慮、不要孩子沮喪。**但身為一個人，感受乃與生俱來，當大人不允許感受出現，感受就會消失嗎？答案顯然是否定的。**

若不能表達感受，感受將會被深深壓抑，或因有感受而產生罪惡感，久而久之，會產生什麼結果呢？這樣長大的孩子，可能會失去和自我內在的連結，失去透過這些感受產生的正向資源，比如憤怒帶來力量，悲傷帶來心靈深層的洞察力，焦慮伴隨著創造而來，挫折帶來謙卑。

當一個人很少接觸自己的感受，甚至拒絕感受，以至於忽略感受、不承認感受，在生活中會呈現什麼樣貌？

我以「憤怒」的感受為例。

比如有人講話，越講越大聲，明明已經生氣了，你要他別生氣，他卻否認自己生氣。即使承認生氣，也將生氣的原因歸咎於，「是因為你一直說我生氣，我才生氣的。」

為什麼會這樣呢？因為在我們的家庭教養中，生氣是不被允許的情緒。

接納生氣的情緒

但生氣是人正常的情緒之一，怎麼可能都不生氣呢？既然生氣是正常情緒，為何很多人不接受生氣的情緒？原因之一是生氣顯得沒修養，原因之二是生氣的態度令人困擾與不悅。**於是有人刻意不生氣，並非沒有情緒，而是壓抑生氣，**聽聽壓抑情緒的人說話，和真正處理過情緒人的聲調，即可以明白其中差別。

當壓抑生氣，應對姿態就會導向指責、討好、超理智與打岔，不容易達到一致性，而且也容易產生**情緒化與暴怒的情況，所以我常看見有禮貌，說話刻意壓抑聲調的人們，潛藏著大量的憤怒在心裡。因此被教導不准生氣的孩子，脾氣反而容易暴怒，因為他的生氣被壓抑了。**

而使用生氣壓制孩子的大人，比如，「你再不聽話，我就生氣了喔！」即使壓制成功，那背後透露什麼訊息呢？**生氣是可以壓制人的。**當孩子日漸長大，事情不如己意，得不到想要的東西時，會不會也以生氣壓制別人呢？或者永遠都懼怕衝突，沒有勇氣為自己做選擇呢？

既然如此，該如何看待生氣？既然生氣是人的情緒之一，當然要接納生氣的情緒，但必須注意**生氣的態度**。比如有人生氣了，會摔東西、甩門、不去工作、辱罵人、自殘或者傷害人，**都是人被情緒掌握了，而不是人掌握情緒。因此我們要承認情緒，但要注意生氣的態度**，因為人要為自己的情緒負責，不是別人為自己的情緒負責。

因此，當面對孩子不符合我們期待，父母與教師先深呼吸，覺察自己有沒有情緒？比如生氣、難過、沮喪、無奈……將這些情緒選項稍微核對，若是有覺察某種主要情緒，先承認「它」，並試著與「它」共存，並且告訴自己，即使自己生氣、沮喪、難過與無奈，自己都還願意努力，這就是連結自己的渴望，並且給自己一點兒**停頓**的時間。

覺察並整理之後，再以平穩沉著、溫柔堅定的語氣（並不是疏離的語氣），將自己的訊息告訴孩子，這樣的應對姿態，會有更良好的溝通。

送一個「愛」給自己

有些人因為成長的背景，被家庭規條束縛，不容易覺察感受。若是如此，可以試著在深呼吸時，覺察胸口是否不順暢？是否悶悶的？若有這樣的感覺，此時的應對姿態，可能會趨近討好或指責，或是今天有事情不順遂，感受卡在胸口。若是頭腦發脹，可以覺察自己此時是不是在說道理？若是深呼吸時，卻覺得呼吸不夠深長，無法進入更深的層次，有點兒浮躁，那可能是潛藏壓抑已久的情緒，或者正在打岔。

若有上述情況，可以將各種感受一一核對，覺察自己當下的情緒為何？並且意識到與此情緒同在，身體反而會舒緩，慣性的應對姿態也會改變。

除了憤怒的感受，其他各種感受也會為人們忽略或隱藏，都會產生各種不一致的應對姿態。因此我常邀請大人與孩子，深深呼吸，靜下心來，覺察感受，承認感受。

當覺察內在有了難過，先承認難過，並且允許自己難過，這時可能會流淚，請不要評價難過或者收斂難過，也不必收回眼淚，只是承認與允許自己難過。看看這時會不會有圖像衍生？如我前述看見母親圖像？**但當難過出現時，請記得不要「可憐」自己，而是要「愛」自己，方式很簡單，從內在送一個「愛」給自己，對自己說「愛」的語言，那就是與自我的渴望連結**。

其他諸如恐懼與焦慮，也是在深深呼吸之後，邀請自己去接觸，就會感受到內在的變化。本書有幾篇文章，提到引導孩子面對恐懼與焦慮的過程，不妨大膽一試，只是簡單的方法，就會有神奇的體驗，若是能連結自我的「渴望」，那就會生出更深的力量。

正向的好奇

有意識地覺察自己情緒，調整應對姿態，內在便呈現比較開放、平穩的狀態，在教育工作上，便可對孩子擁有更多好奇。好奇孩子的感受、觀點與期待。

在教學過程中，因為態度的開放，神情的穩定，孩子的思辨更易被啟發，對話將變得豐富而有趣。本書中羅列的案例，和孩子對話的過程，我也盡量以正向好奇的方式探索。和孩子對話時，我較少使用「為什麼」三個字？因為，「為什麼」隱含批判、不信任與質疑，讓人感覺疏離。若改以「我很好奇」，常能引動孩子思索與應答的欲望，若在好奇之外，能加上正向的連結，那就會開啟更美好的對話風景。

剛擔任教師工作時，我曾注意電視節目主持人的訪問能力，除了訪問的內容之外，我也常注意他們應對的表情。我對張菲的訪問功力仔細觀察過，張菲僅需簡單的台詞，讚許的態度，好奇的眼神，伴隨著好奇的長聲「ㄟ—」，停頓一秒鐘，受訪來賓便輕易打開話匣子，滔滔不絕說出故事與想法。我認為張菲在肢體語言與表情，善用了「正向好奇」。

我曾在善於引導孩子，善於傾聽的工作者身上，都發現類似的語言。而最初令我讚嘆，並且展開細微觀察的，是領我進入教育之門的全人中學創辦人程延平先生。我曾在《沒有圍牆的學校》一書中，以〈三劍客〉、〈牛頭與馬嘴〉兩篇文章，呈現他和孩子的對話，是「正向的好奇」的最佳示範。

程延平先生是知名畫家，對於美學、藝術與教育有獨特的看法，創辦台灣第一所體制外中學。據聞他早年在森小任教繪畫，即受到孩子愛戴，啟發甚多學生。他創辦全人中學之後，任教繪畫、電影與美學課程五年，當時我也跟著學生上課，在電影與美學課程受教甚多，深深讚嘆他啟發孩子思辨與美的能力，並且好奇他的感染力從何而來。

我發現他除了個人的人格特質之外，還有他正向好奇的問話與開放的胸襟使然，我認為後兩者都是教育者可以學習之處。

程延平任教的繪畫課，藝術表現較一般學生超越三至五年。這部分已經有國科會研究報告呈現，由成虹飛教授研究，大部分歸功於全人開闊的自然與人文環境。

但據我的觀察，程延平先生寬闊的態度，正向好奇的引導方式，占據著極大的影響力，因為程延平先生二〇〇一年歸隱之後，直到我離開的二〇〇五年，並未看過全人學生在繪畫表現上，大規模呈現過去能力。

令人感動的師生對話

我舉一個程延平先生教學過程的對話，作為正向好奇的註腳。

時序是在二〇〇〇年左右，場景是程延平的繪畫課，三十餘個孩子分散山頭各地，饒有興味的繪畫，並且等待一場關於繪畫的對話。

少年小芋也選修這堂課，手裡拿著一張空白的圖畫紙，和其他孩子不同的是，在那個春光燦爛的午後，小芋身邊並沒有畫筆與水彩，他只是等待程延平的對話。

小芋他並不喜歡繪畫，懷疑為何這麼多人選修這門課，因而興起挑戰，或者說挑釁的念頭。

待程延平來到身邊，小芋以兩指夾起空白圖畫紙，對著老鬍子（學生對程先生的暱稱）說，「老鬍子，我的圖畫好了。」

我曾經揣想，若是我收到孩子的空白圖畫交差，會有什麼樣的反應？驚訝？憤怒？教訓？質疑？開玩笑？還是忽略？

那是坐落在春日山頭的美麗畫面，一老一小彷彿在竹林間過招，小和尚使出少林拳，老師父該如何拆招？只見老鬍子認真凝視小芋手上的畫，不發一語的端詳著。

一段時間之後，老鬍子開了口，「這是你畫的畫？」

小芋用調皮，帶點兒挑釁的語氣回答，「對呀！這是我畫的圖。」

老鬍子點點頭，頻頻「嗯！」了好幾聲，便不再答話，再次認真端詳這張「畫」，彷彿品味一幅大師畫作。

時間過了約莫一分鐘，小芋大概手痠，拿著「畫」的手，從左手換到右手了，老鬍子還在仔細端詳。

小芋只好問，「老鬍子，你看完沒呀？」（註三）

老鬍子很認真的回答，「快了！快了！」（註四）

小芋只好耐著性子等待，甚至還瞄了一眼「畫」，大概好奇老鬍子怎麼可以看這麼久吧。

老鬍子終於開口了，「這畫的是——空白！」

若是你在一旁觀看，肯定會為老鬍子欣賞良久之後，才得出的答案噴飯。

小芋逮著機會，用不悅的語氣說，「欸！老鬍子，這可是我想了很久的作品耶！你怎麼可以侮辱它？」

老鬍子不慍不惱，以好奇的眼神，看著小芋說，「嗯！嗯！嗯！我正打算一步一步了解它。」

小芋說，「那你了解了嗎？」

老鬍子眼睛不離「圖」，徐徐的說，「那，這幅『畫』，想表達的是什麼呢？」

小芋滔滔不絕的說著，這幅「畫」的意境、空靈、美感與理念。

小芋事後說自己是臨時瞎掰，沒料到老鬍子會正經八百問他這些問題。

老鬍子頻頻點頭讚許，表明這幅「畫」的概念很好。並且好奇圖畫紙上天然的色差，「白色圖畫紙上，這些褐色漸層，也是你想要表達的嗎？」

小芋看了「圖」一眼，尷尬地愣了一下，點點頭說，「對呀！」

老鬍子再度讚許，繼續好奇，「這張『畫』多了褐色漸層，和一整張純潔的白，想要表達的東西有什麼差別？」

「當然不同呀！……」小芋又是一長串的解釋。

兩人對談了一段時間，末了，老鬍子說，「嗯！我期待下一次上課，看你下一張圖畫，會順著這個脈絡畫出什麼樣的畫？」

小芋事後說，原本只是要去搗亂的，沒想到老鬍子一本正經，讓他也正經起來了，並且咀嚼與思索和老鬍子的對話，但並未減少他想挑戰老鬍子的欲望。

小芋在兩週後的繪畫課上，再度帶著「作品」上場，是一條洗臉用的白毛巾。竹林間的少年換了新招，老者又彷彿入定般凝視。老鬍子仍舊說，「這次和上一次一樣，也是空白？」

小芋大聲說，「老鬍子，你看清楚一點，材質不一樣好嗎？」

「哦！那有什麼差別？」

「差別可大了……」

……

一老一小的對話，在午後的竹林間迴盪，沒有火藥味，沒有質疑。好奇、肯定、稱許、回應與沉思在兩人身上進行著。

老鬍子後來提到這樁繪畫課的插曲，笑著說，「我也許沒辦法讓他提筆畫畫，但是我可以開啟他對於『美』的思考。」

小芋呢？是否受到啟發？是否被影響？很難以任何結果檢驗。但小芋覺得老鬍子很了不起，這麼認真看待他的搗亂。他表示自己對於顏色、線條與藝術，有了更深入的觀察與思索。

此刻，小芋在英國念建築，不知道和那場午後對話，有沒有關係？

在我教書的過程中，「正向好奇」的態度，也成為我的信仰，可以從一個事件、一個想法，乃至一整個生命，產生好奇，彷彿讀著一部故事書，身為讀者不斷進入故事，好奇故事的脈絡。

但是好奇的態度，必須伴隨「正向」而來，才有機會轉化孩子的內在特質，成為更深刻的基石。

當然，「正向好奇」的前提，最好是在前述的應對姿態上，能夠有所覺察，因為當父母與教師面對孩子，有很多「期待」、「觀點」與「感受」交錯，情緒以複雜的面貌顯現，就不容易以「正向好奇」的態度引導。

我的經驗在書裡和孩子對話中呈現，在此舉一個更具體的經歷。

開啟與孩子對話的訣竅

我曾在十五個七、八歲孩子的班級中，和孩子們以故事討論太陽是什麼變的。邀請孩子們隨意回答，隨意思考，答案繽紛有趣。有一位過動症的孩子，對這場討論不感興趣，雖然沒有干擾班級的進行，卻注意著其他事物。

我走到他面前，將問題拋給他，他隨意地回答，「是『水』變的啦！」孩子隨意的回答。

可以「好奇」嗎？我認為可以，但如何「正向」呢？

我專注地看著這個孩子，調整語氣與姿態，問他：「我很好奇，很多人的答案和發熱的東西、光亮的東西，或者和太陽的顏色有關，你的答案怎麼這麼特別？竟然是水？」

孩子眼光和我聚焦了一秒，說了一聲「不知道！」便不再理我。

我仍然站在他前面，專注地告訴他，「沒關係！你想一下，我覺得你的說法很有趣。」

當我和班上其他同學繼續互動時，很多孩子表示，太陽像火球，不可能是水變成的！大家你一言，我一語，討論正熱絡，那孩子舉手了，「有一次我和爸爸去露營，看到太陽從海上出來，又從海上下去，所以太陽是水做的。」

「正向好奇」不是敷衍孩子，不是虛偽的跟孩子說「好棒喔！」而是一種真正的探索，我有時會伴隨「挑戰」的意圖，來呈現自我的真實，但是以一致性的姿態，加上正向好奇的態度。

當那孩子回應了前面的提問，我便專注地看著他，總是在這種時刻，張菲與老鬍子的身影，都會在我腦海呈現。我問這個孩子，「你的觀察力很敏銳呀！出去玩還會注意到這些事情。不過，剛剛同學說的也有道理，太陽這麼熱，怎麼可能是水做的呢？」

想不到這個孩子不假思索的說，「老師，你沒洗過溫泉嗎？可以把蛋煮熟耶！……」

童言童語也可以開啟很哲學、科學或文學的對話，這是我在教學歷程中，最美好的經驗，那無形中也解決了「套裝模式」教學的方法，不只孩子更投入，教育成效也更好。

連結「渴望」層次的對話

學習「正向」看法的人，在剛開始和孩子對話的時候，並不容易落實，很容易落入一種虛偽與敷衍。我們經常可見專家給予這樣的建議，「與其為了保護孩子、給予虛假的正面回饋，不如讓他正確認識自己。」

二〇一〇年在台灣出版的暢銷書《教養大震撼》，在第一章就開宗明義說，「孩子沒恆心，沒毅力，經不起挫折，可能都是被讚美害的。」

但正向回饋，絕非虛假的回應，也非隨意讚美。

二〇一〇年我和耀明去南部當文學獎評審，評審會議開放給學生參加，和我一同當評審的作家步出會場，對著我和耀明說，「你們兩個都好會稱讚學生喔！可是這樣很不好，你們知道嗎？最近有一本書《教養大震撼》就在講這件事。」

我和這位作家有了一些討論，但匆匆閒談，我感到她的困惑，我來不及示範給她看「正向好奇」與「正向回饋」的力量。

但我隨後買了《教養大震撼》閱讀，我相當同意書中的觀點，但我的作家朋友理解錯誤了。我發現書裡面所舉一般人的讚美，都屬於表象層次的稱讚，並非聚焦於真實，無助於啟發孩子。

讀者可以想像，若是稱讚者的姿態趨近「討好者」，對孩子肯定不會有正向影響，因此我常聽到一般人提高音量，稱讚或鼓勵孩子：「你好棒喔！」「考第三名很厲害了啊！」「這樣已經很好了啊！」……這些都是無效且有負面效果的表述。

我們設想，「鼓勵」與「讚美」時的姿態，若是不真誠，不夠一致，或者「瞎掰」，這種鼓勵與讚美聽起來如何？那反而落入**「虛偽」**、**「敷衍」或者「安慰」**，無助於孩子成長。

其次，**「鼓勵」與「讚美」，若只是在表象層次出發，比如名次、表現與結果，無形當中讓孩子導向注重成績，無法接受挫敗的結果，將使孩子不敢面對真實。**

因此「正向」的連結，若能以冰山隱喻的「渴望」層次出發，就會展現不同的面貌。以下，我舉一個小例子，說明連結「渴望」的力量。

有創意的「爛」作文

二〇〇六年我開辦「千樹成林」作文班，並非為了什麼宏大的理想（註五），單純為了生計打算。但融入開放教育、心理教育與文學信念的「千樹成林」，受家長支持，常有人慕名前來。

我至今仍記得二〇〇六年冬季，有一位個頭很高，長相俊美的六年級男孩踏入寫作班，他有妥瑞式症。與他的長相對比，是他的神態：駝背、無神、步履蹣跚。

我很好奇，怎麼一位年輕的孩子，顯得如此沒有活力？

我拍拍他的肩膀，問他名字，他一句話也不說。只見他的母親，在後面揮手示意，意思是要我鼓勵男孩上寫作班，因為孩子不肯來。

我瞬間明白男孩的神態，為何那麼無精打采。

我告訴他，「你不想上作文課吧？是不是你媽強迫你來？換成是我，也不想來上課，在家做什麼都好，誰想上無聊的補習班呢？」**（此刻的談話是同理與接納。）**

我說中了男孩心中的想法，他無奈地朝我看一眼。

「不過你沒上過我的課呀！怎麼知道自己喜不喜歡？我建議你來上一次課，如果覺得不適合你，你告訴我，我會支持你不要來。我也會跟你媽說，她一定聽我的意見。」**（這裡是開放的選項，並且挑戰他從未來上過課程，不能依慣性下定論。）**

男孩聽完我的話，到教室坐定，上課時因為故事互動，顯得興高采烈。**（此處以有趣的課堂吸引孩子注意，這是教育改革的一部分，喚起孩子對學習的熱情。）**

等到要寫作文了，整個人就像一灘爛泥，趴在座位上。

我走到他前面，告訴他，「寫作文這件事，我就沒辦法幫你了。但你將來總要面對作文吧！」**（從這兒開始的對話，是要將學習責任回歸到孩子身上，這是班級經營中，最重要的一個選項。）**

我知道這樣的話，對孩子來說，是沒有什麼作用的，他們都知道要努力，但他們都有困難。比如眼前的男孩，媽媽說他作文寫不出來，即使寫出來，篇幅也很短。這樣的情況下，大人再多的「觀點」與「期望」，也無法幫助他們，因為這些孩子們肯定聽了無數遍。

「我給你一個畫面：**你能夠輕鬆寫好作文，不必想那麼久，而且能寫得不錯**。但是你還是要提起筆來，勉為其難書寫，反正都已經來了，就試試看吧。」

我給了孩子圖像，就是給他願景。

接下來是我連結他「渴望」層次的邀請，「你來寫作文，前面三次，最好寫爛作文，越爛越好。」

「接納」與「自由」都是「渴望」層次，我邀請他寫「爛作文」，意味著他無論寫什麼樣的內容，我都接受，他可以「自由」書寫，任意發揮。

男孩眼睛瞪大了，一副不可置信的樣子，問我，「真的嗎？」

未等我開口，班上的孩子紛紛搶著說，「真的啦！阿建說的是真的啦！每個人都可以寫三次爛作文。」

這些浸潤解放書寫文化已久的孩子，對我教導新生寫作的態度，早已瞭若指掌。

男孩說，「你說的喔！」

我重複他的話，「對！我說的。」

男孩也興奮地重複著他的疑問與挑戰，「你不要後悔喲！」

「我不會後悔。」我堅定地回答。

男孩開始振筆疾書，邊寫還邊笑，偶爾還抬頭看我，露出神祕的笑容。他第一個寫完交卷，寫了將近四百字，坐直身子，朝著我嘿嘿地笑。

我接過他的作文，看到他將「大老二」這樣不雅的文字寫入文章了。這樣的文章，老師要如何互動，才能對孩子有所啟發？

我很認真地看完，忍不住笑了出來，雖然是一篇「爛」作文，但實在很有創意，只是有點兒荒謬罷，也不夠「正常」。

班上的孩子見我笑了，紛紛要我念出來分享，但是礙於「大老二」三個字不雅，我沒答應。但孩子不停地央求，男孩也洋洋得意地等待，我終於首肯了，只是將「大老二」三個字隱去了，替換成○○○。

六年級的孩子，被這一篇文章逗得笑出了眼淚，還有幾個男生在地上打滾，讚嘆男孩的創意。

我對男孩說，「你很厲害，短短時間就寫了一篇『爛』作文，而且很有創意。」男孩掩飾不住得意的笑容，歡樂地下課了。

給孩子「有價值」的正向肯定

「有創意」、「讓眾人捧腹」與「寫出四百個字」，這些都是正向「有價值」的表述，連結了「渴望」層次的對話，但我仍然對他說，「這雖然是『爛作文』……」並不掩飾真實面貌。

過了幾日，男孩的母親來找我，臉上露出為難的神色，才知道男孩得意地告訴父親，「爸爸，千樹成林的老師念我的作文。」

男孩父親大概很驚訝吧！要男孩拿作文來看，我憑著想像，拼湊男孩父親的話，「平常連作文都寫不出來了，才去一次，作文就被念出來喔？拿來給爸爸看。」

母親說孩子喜孜孜拿來作文簿，父親看了一眼，臉色瞬間鐵青，將作文簿丟到牆角說，「上什麼作文課？只有千樹成林的作文老師，才會說你這是好文章啦！」

母親大概聽別人介紹才送孩子來，頗覺委屈，不知道該如何是好。

我告訴媽媽，「你孩子本來寫不出文章吧！現在寫出來了，只是寫了一篇『爛』作文！我並沒有說那是『好』作文！那是我刻意要他寫的，表示他肯聽老師建議，也很大膽，我覺得內容雖然不雅，但是很有趣。」

媽媽說，「那現在該怎麼辦？」

我邀請他們自己做決定，並且接受那是孩子寫作的現狀，而且已經邁出不錯的一步了，我會陪他一起成長，請她先問問孩子要不要來。

媽媽點點頭說，「要啦！他很喜歡來啦！」

「那就給我一點時間吧！讓我觀察一陣子。」

就這樣，男孩進入課堂了。但是他的作文表現，會讓所有的大人搖頭，令老師嘆息，令衛道者唉聲嘆氣。他前三次繳交的作文，充滿著大便、尿尿、雞雞與屁屁。但是他每次都第一個寫完作文，喜孜孜地交給我。

我曾經告訴他，可以寫三次『爛』作文，並未規定什麼不能寫，這是他的權利。因此他充分在書寫過程被接納了，可以好好讓文字能力發展。

我的目的是什麼呢？首先讓他不懼怕寫作，讓他的文字被自己接納，也被我所接納。每次他繳交作文，我再從他的字裡行間，找到較有創意、細膩的文字與優美詞句，好奇他如何思考？如何想出來？擴大孩子正向的美學藍圖。

但老實說，男孩的作文，除了想像力與大膽以外，乏善可陳。

當三次作文課上完，孩子不能再寫爛作文了，因為一般的孩子，寫作自信稍被建立，我會試著觀察，並且導引他們的信念，這是班級經營裡的「文化」，也是大家都明白的「規則」。

第四次上課，在寫作文之前，我特別走到男孩身邊，蹲了下來，將手放在他肩膀上，專注而穩定地對他說，「你的作文很有創意！」

男孩微笑，露出得意的表情，點點頭說，「我也這麼覺得。」

孩子跟我有一樣的「正向」想法，表示孩子接收到我的肯定了，但並不表示他做的是對的，我要讓孩子接觸到「真實」情況。

我也點點頭，對男孩說，「但你覺得你寫的作文，學校老師會接受嗎？」

他是個聰明的男孩，笑笑說，「我想他們應該不會接受吧！」

「嗯！這樣就可惜了，你這麼好的創意，老師卻不能接受。因為已經上課三次了，接下來你會比較辛苦，不能再寫雞雞、大便與屁屁了，但我認為你的創意和這些無關，可以表現得讓大家都接受，不過在轉換寫作的素材時，會讓你卡住，但我邀請你挑戰，雖然過程會有點兒辛苦，但我會陪著你。」

我說完這段話，沒等他回應，在他肩膀上堅定一拍，起身離開了。

這一段話，除了宣達規則，含有接納的意味。接納他會面臨的狀況，接納他會遇到的困難，讓他不至於為挫折所困住。

果不其然，那一堂課他先發呆半小時，很安靜地坐著，彷彿沉思，隨後開始下筆，寫了一點兒就卡住了。

男孩坐在教室最後面，我則在教室前的講台佇立，環顧整個教室，不特別注意他，卻也真心觀察他是否能坐得住？一會兒我該使用什麼樣的正向語言？

班上的孩子陸續寫完，一個一個離開了，已經下課二十分鐘，男孩仍舊苦思著。我走近他身邊，看他僅寫了四行作文，約莫五十字，但字裡行間沒有任何一個粗鄙的用語，那時刻我很感動。

我蹲下來，拍拍他肩膀，稱讚他的努力。他搖搖頭說，「我又沒有寫完。」

我點點頭，調整自己的呼吸與語氣，讓自己更專注一致地和他說話，「我知道你沒寫完，但是你沒有使用任何一個『雞雞』、『大便』與『屁屁』，我認為很不簡單。而且你雖然卡住，寫不出來，卻仍然努力思索，沒有放棄，這樣的學生就是我最欣賞的人。如果有這樣的學生，是我當一個老師最想要帶領的，而且，你就是不會寫作文，才要來這兒呀！」

我說完話，再次拍拍他肩膀，收回他的作文簿說，「這樣已經足夠，你可以下課了。」望著他離去的背影，我感覺他並未挫折，也沒有自責，因為我連結的是他的「努力」、「不放棄」、「沒有粗話」與「認真」，這些都是「有價值」的正向特質，連結了男孩的「渴望」層次。

男孩的驚人轉變

男孩接下來的課程，有四堂課時間，都只有寫三、四行，卻仍然努力思索，沒有放棄。與此同時，我在心裡問自己，要如何幫助他再解放一點，也要自己更有耐心，要看重他自始至終認真的態度。

我記得他繳交出第一篇超過四百五十字的文章，已經是他來的第六、七堂課了。我在和他互動時，不僅好奇這一次怎麼能寫出來，也稱讚他的努力得到報償，但我不忘提醒他，這不代表你以後都能寫出好作文，或者寫得順利，因為作文是創造工程，還得看主題適不適合發揮，但請別忘了這一次能夠完成的能力。

於此之後，他漸入佳境，雖然也遇到寫不出來的時候，但次數越來越少，而且他的作文表現，呈現出越來越深刻的樣貌。

他來上作文課，也越寫越有興致，經常為了一篇作文，上課寫一千多字，還要回家再寫一千字才肯甘休。

他上了三十六堂作文課程，我便沒有適合他的課程了，但是他的作文表現，讓我相當驚訝，想他剛進來時的樣子，寫出來粗鄙的用字，到後來對作文的投入，寫出深刻的篇章，還受邀寫書評，文章入選刊登於坊間教材。

有一次男孩用通俗的故事，寫了〈父與子〉一篇文章，與一般孩子描寫生活上父子關係不同，但在通俗的故事背後，卻有著深刻、預備啟蒙的思維流動，用詞也非常獨到，文章的敘述相當流暢，使用的敘述竟頗迷人。

我在驚訝之餘，原以為男孩電視看多了，才寫出這麼大規模的故事，但母親告訴我，這孩子不看電視，也少讀書，但很喜歡聽故事，母親也相當訝異（註六）。

那是我任教寫作班的第一年，我認為男孩的改變與成長，除了來自班級的文化、規則與應對姿態，還有「正向的好奇」發揮了巨大的能量，其後數年，我發現男孩只是寫作班第一個讓我印象深刻的孩子，其後我發現了更多深邃美麗的文字。深刻且認真的靈魂，在小小的寫作班成長。

註一：

關於「一致性」，對於剛學習薩提爾模式，或者不熟悉、較少「一致性」經驗的人而言，對這個名詞會產生困惑。主因是一致性的狀態，並非使用「頭腦」就能理解，或者並非以我們慣常的「思維」習慣，達成理解的途徑，這是一個透過「體驗」而逐漸理解的過程，因此我的教育講座，常以體驗性與模擬溝通狀態來傳達。很多有學問的人，頭腦聰明的人，有成就的人，聽見這個詞彙，常會自以為理解，實則並不容易，一旦現場模擬演練，即可發現理智與體驗之間的落差。

有基督教或天主教信仰的人，在經驗「一致性」的狀態，或者看到「一致性」的對話時，會有一種感受，感到自己彷彿親近「主」，彷彿到教堂聆聽佈道、感人的演講或禱告的深層感受，因為「一致性」的溝通模式，常常能引領人進入深層的內在，觸及人的「渴望」，即人的價值、自由、接納、愛與被愛。

對於學佛與印度瑜伽的修行者而言，也有同樣的經驗。一致性的溝通姿態，彷彿一種禪定，一種靜坐，深層覺察，意識呼吸，寧靜深刻與體驗宇宙能量的境界。我近期學習心靈瑜伽，在進行靜坐與呼吸的體驗，發現和薩提爾模式的一致性體驗彷彿，因此我將薩提爾模式冰山引導，作為覺察與深層連結的一種法門，將瑜伽的觀想與呼吸，作為連結宇宙能量的一種深層延伸。

然則這些說法，在我還未擁有這樣的經驗之前，我經常抱持著「懂了」，但「敬而遠之」，或者「玄妙」，卻難以親近的態度觀看。但是當我的老師約翰・貝曼博士現場示範溝通姿態，並以薩提爾女士的冰山圖講解應對姿態時，我頓時豁然開朗，並且撼動不已，深深為這個溝通姿態感動，為何以前不知道有這樣的溝通途徑，有這麼明瞭且脈絡清晰的覺察方式。我當時在現場的體驗，除了見識到溝通者姿態的變化，內在更被一股能量啟動，清明而透澈，並且淚流不止。

在我學習薩提爾模式的過程中，對一致性的體驗，除了每次上課帶來深層的感知與連結之外，因為靠著自我覺察的練習，內在逐漸打開一扇窗，逐漸明白如何覺察自己，有幾個階段對「一致性」的認知：從最初誠實且專注的覺察自我，意識自我的情緒，懂得表達真實的自我訊息，為自己的決定負責；逐漸演變成情緒寬闊，觀點清晰且寬大，有一種恆常的穩定感，更容易意識到如何專注，也就不容易動怒；我目前體驗的最棒境界，是體驗到宇宙能量的連結，體內有一股深層的能量流動。

若是以自我經驗分享，讀者也許比較理解，在應對姿態的覺察過程，如何在遇到難解的教育難題時，擁有更清明的思維，維持更淡定的態度？當讀者遭遇本書各類型的孩子，比如松發怒的時候、柚子面對課業不知如何是好、昆布表述對母親的憤怒、薔薇被憤怒包圍的狀況、茉莉無法覺知自我行為的喜惡、算數學的孩子們不知道問題卡在何處、寫作文的男孩為何會有轉變，讀者可以試著以自己的姿態進行溝通，模擬可能發生的狀況，卡住的地方為何，更能檢視書中應對姿態，為何趨近於一致性的表達有如此強大的力量？

我曾思考過，如何將應對姿態轉換的過程，以冰山的圖像，在各個層次解釋，並且以每一個案例的冰山轉換，以及教育者冰山轉換，從各種姿態轉變為一致性姿態的軌跡，以文字呈現出來，俾便讀者與有心探索者深入理解，但可能要再耗費一些時間與篇幅完成，最後選擇沒有在本書呈現。

而我在教育領域帶領應對姿態體驗時，引導大眾進入一致的狀態，最迅速能明白並簡單的方式，是深呼吸且覺察情緒，並且承認情緒，分別情緒與表達態度兩端，體驗一致性的態度。如此一來，教育者便能覺察自己的各種姿態，並決定使用何種姿態面對孩子。

為了讓讀者有更多資訊，認識一致性姿態，這裡摘錄瑪莉亞·葛莫利（Maria Gomori）接受呂旭立文教基金會專訪時，對一致性的回答，「簡單來說，一致性就是對自己真實。當我是一致性的時候，我可以覺察我的感覺與我的想法，我可以選擇是否與他人分享，我永遠都可以選擇與決定如何與人連結。我不會騙自己，假裝成不是自己的那個人。要如何做到一致性?第一步是與自己一致。當我生氣的時候，我承認。當我難過的時候，我接納。當我害怕的時候，我可以和我覺得重要的人說我的害怕。我不會也不需要隱藏我的情緒。但我們在家庭裡，都學到不要一致性，因為在多數的家庭中，父母都害怕分享自己，所以孩子學到了自我保護。自我保護成為一種求生存的方式，因此沒有辦法一致性。若個人對自己不夠真實，例如其實自己不快樂，但假裝很快樂。身體會知道真相，並在細胞的層次上，身體會釋放訊息告訴自己。當我們的身體經驗與告訴自己的東西不一樣時，我相信這會影響我們的健康。」

註二：

在此摘錄張天安老師對薩提爾「冰山」隱喻的理解與想像，我稍微添加了一些說明，提供讀者進一步理解。

1行為（行動、故事內容）：

當你看見我時，先是看到冰山水面上的「行為」與「身體」，聽得到的是我所敘說的「故事」或「事件」，而冰山下面有百分之九十的想像，你必須透過我的「行為」、「身體」的表達與對於事件的「敘說」來「推測」與「核對」。

2應對姿態：

若隱若現的，你察覺到我在冰山在海面交界處的「生存姿態」，那像是身體的姿勢，又像是一個立場或是我所處的位置，或是一個保護自己的防衛姿態，通常有指責的姿態、討好的姿態、打岔的姿態、超理智的姿態與一致型的姿態。如果這姿態被你和我覺察，會將我帶入一個更深的認識。

3感受及對感受的評價：

透過這姿態的線索，可連結到我身體的「感受」，替心跳、胃收縮、肌肉緊張尋找適合的字眼表達，甚至是更細微，更心靈內在的感受，諸如害怕、悲傷、受傷、憤怒、不安、焦慮、浮躁、平靜、安全……等。對於「感受」，「我」通常會有「評價」，那是我過去生命經驗帶來的連結，於是我對於這感受，尤其是負向的感受，有了另一層次的感受，也就是「感受的感受」，覺察到這一層次的感受，使我覺察到我長久以來對待自己的方式。比如當別人難過時，我心裡面竟然感到「高興」，於是我對「高興」的感受感到「罪惡」；當我為某件事感到憤怒，因為我認為人不可以生氣，因此我對自己的憤怒感到憤怒、難過、無奈；當我面臨一件事，感到沮喪，我為自己的沮喪，感到生氣、難過、悲哀，因為我的沮喪證明了我的無能（觀點）……

4觀點（想法、信念、家庭規條）：

於是，我開始看見這些感受後面的「觀點」，也許是一些習慣性的想法，也許是過去父母對我的評價，也許也已經是我對自己的觀點，然後我也常用這樣的觀點去評價別人、想像別人，也許我發現到自己長期以為是真理的信念，或許來自原生家庭中的規條。於是，我發現可以有別的想法，可以有別的視框，於是增加了新的自由與選擇，也因此面臨了自己要承擔風險的責任。若是我決定改變，決定承擔風險，擴大視野，我的觀點就會改變，與此同時，我的期待與感受也會有所變化。

5期待：

有時，我發現自己對自己，自己對他人，他人對自我以及某些情境有所「期待」，常常因期待的落空而感到失落、哀傷，有時太過難以承受，我選擇以憤怒去表達，然後我開始澄清了這些「期待」所產生的想法與感受，也許我發現了過去許多「未完成的期待」，一如未了的情結常常困擾我，扭曲我對事情的看法與感受。對於某些不合理、不實際的期待，我可以選擇「放下」，也許會帶來一些哀傷。也許我願意為這個期待付出更多，更加落實我可以努力的「行動」，而不是坐著空談。或許我可以有新的選擇，尤其當我更加了解我真正的「渴望」時，我選擇一個更恰當的期待或目標去實踐。又或許，就讓我抓著一個難以完成的期待，像個奶嘴一樣，再吸一段時間，只要我自己清楚那要付出什麼代價，甚至得到什麼好處。有時候，我會發現自己有一些常常出現的「模式」，在某些情境下會出現「即時反應」，而無法有一致性的表達或出現，於是，我彷彿在我的內在遇見了另一個人，我想了解他，而不是因為他對我的干擾而想要去除他。於是，我在了解他後，以恰當的方式去完成他的企圖，逐漸的，我創造了一個讓內在的「眾神」聚會的聖殿，那裡面可以有和諧、有張力。

6渴望與大我：

最可貴的是，在這探索的過程中，我越來越清楚自己的需求，甚至說得更清楚些，我接觸到自己的「渴望」，而這渴望是全人類共有的部分。當我接觸到自己的渴望時，你彷彿也接觸到了，從你的淚光中，我看到了深層的理解與連結，我才發現我們相同的部分，那帶來一股新的安定與力量。我也知道了，我的那個「我」與你的那個「我」是在一個更大的「我」之中。

註三：

小芋事後回憶這件事，表示自己完全沒想到老鬍子會這樣應對他，讓他極為震撼，也極為佩服。

註四：

老翳子說自己看那麼久，是在想要怎麼回應比較好，當時心裡面也沒有任何主張。我聽了他自述這一段時，不覺莞爾。

註五：

招生說明會的時候，我對所有的家長宣布，「孩子作文要好，依我看不用補習，愛讀愛寫就好了，因為時下流行的作文教育方式，對我而言是不恰當的。」

家長質疑我，「那你為何開作文班呢？」

我坦誠回答，「因為沒有維生工具，所以想開補習班賺錢，那是唯一目的。但我們有開放教育的理念，還有對文學的信念，只是從來沒有教兒童作文的經驗。」

家長聽了哈哈大笑，並且不以為意地將孩子送過來，讓我得以在溫飽之餘，發展出作文教育脈絡，並藉此地發展理想教育的藍圖，卻是始料未及。

註六：

父與子（小六男孩的文章）

我抬頭望向父親，他的眼眶紅如火焰，眼中泛著露珠般的淚滴，擋在我的前面。他的背影蓋住了我，人們高聲抗議，個個怒火沖天。只看見弓箭飛過，他倒了下來，並握住我的手，「跑！」他大吼。但當時，我的腦袋早就沉入了一片空白之中……

我出生在一個窮困家庭，當時我五歲。那時是階級分明的時代，我們的地位是非常低的，所以我母親被大官抓去做工，沒想到母親活活的累死了。屍體被丟棄在深山中。

那時大官對人民欺壓得厲害，百姓很氣皇帝。百姓越是氣，皇帝越叫人民做苦工，人民因此死去的很多。大官也不管人們的死活，只要是死去的人，都丟掉深山中。因此山裡堆滿了屍體，地上淌滿了憤怒的血，大地長不出植物。我就是出生在這個悲慘的時代，不只失去母親，哥哥也在一次戰爭中被斬首了。我現在唯一擁有的溫暖只有爸爸。

我的爸爸以前是個商人，但皇帝曾打過多次戰爭，一直打敗仗，因為需要軍米。所以把全部商人與人民的錢都無情的搶去，我的爸爸因此過著窮困的生活。父親有雙有力的眼睛，彷彿可以看穿任何事物。他很愛我，總是保護我，不管是難過、哭泣、哀傷，他總是抱著我，並安撫著我，使我感到安全感。

十年過去了，我國與他國展開一場血腥之戰。大地躺滿屍體，夫妻被迫分開，男人出外打仗，女人在國內做苦工。人民的怒氣，在這時爆發了，拿著鋤頭與木棒向朝廷抗議。我的爸爸是帶頭的人，我們用怒氣反抗，我站在父親身畔，抬頭望著他，他有力的雙眼泛著淚水。這時，一道光快速飛來，正中我的父親，只見一道血柱噴出來。「跑！」父親大吼，我腦中一片空白。我轉頭，一群弓箭手正向我們射箭。「失敗了，一切都失敗了。」我露出恐怖的微笑。

人們死的死、逃的逃，「哈哈哈！」皇帝站在弓箭手後面大笑，「反抗我的人，都得死，哈哈，我會將你們的腸子一節一節的斬掉，並將你們的人皮剝掉，掛在城門，讓大家知道反抗的下場！哇哈哈哈……」

我看得呆了，眼前血肉模糊，人民淒聲哀嚎，大官高聲奸笑。我的腳軟了，眼前血肉在我面前扭曲，「我們失敗了，哈哈哈。」我再度露出恐怖的笑容，頓時倒地昏了過去，眼前一片黑暗。

「我在哪裡？」我睜開眼睛，坐起來張望，驚恐的問。這時兩個婦人面帶慈祥走來，身體不由自主害怕的往後縮。

「不用怕！我們不會傷害你的。」婦人拿了瓶清水遞給我，我伸手拿起水瓶貼著乾裂的嘴唇，清水緩緩的滑入喉嚨。

「你啊！我們看到你昏了過去，我們倆好不容易才將你送到這兒，真不容易呀！」

我這才明白，因為想念父親，流浪到一處無人的村落，看到慘絕人寰的殺戮，而昏倒了。

此刻我心裡想著，「我是否繼續父親未完成的大業呢？還是就住在這裡服從朝廷呢？」我想了半天，不知不覺睡著了……

「孩子！孩子！」

我睜開眼，「爸爸！」

「孩子，人們現在正沉入水深火熱，他們希望有個領袖能帶領他們脫困，人民要擁有的是自由。你，就是人民的領袖，就是你！」

「可是父親！孩兒我……辨不到呀！」我低頭說。

「傻孩子，放心好了，當你被挫折阻礙，只要知道我在你身後護著你，你將會像把利劍，突破重重關卡與挫折。孩子，我永遠相信你……」

此刻，我睜開眼，嚇出一身冷汗，這才覺悟，剛才的一切對談，全是夢。

「爸爸！」我以淚洗面，「放心好了！孩兒會為爸爸完成夢想。我希望能與你一起看到人們在自由國度裡，快樂生活，和平相處，爹！您等著吧！」此時下起一場大雨，我心想，「也許是父親在天上，聽到我的立志，而高興掉淚呢！」

早晨，我出發到別的國家，努力演講、發表，我想讓大家相信我、信任我，與我一起完成夢想。想不到人民吃了太多苦頭，所以都退縮了。每一天，我都越來越灰心，因為人民認為理想不可能實現。一天晚上，我躺在床上，掉下淚來。「爸爸！我無法完成了，嗚……恕孩兒不孝！」一剎那間，天空有顆明亮的星星閃耀，「孩子！你別放棄，你身後還有我呀！放心！我永遠相信你。」

又是一天早晨，一切都一樣，但是，我已準備好了。我帶著完成夢想的心情出發。我每天努力演講，用心去感動人民，也用慈悲去對待。我這次不再孤單，因為這次父親與我同行。我的心終於感動人民，六年後，我已經是個青年了，我去了許多國家。然而城裡的老百姓仍在受苦，這時我回來了。我並不是孤單一人，我有著父親的雄心壯志與大隊希望獲得自由的人民回來了。此刻，我站在最前方，人民各個拿著鋤頭、鐮子、鐵耙來參加，只見一場獲得自由的大革命即將發生了。會成功？還是會再度失敗？人們希望獲得自由，父親與我目視的自由，在我們生活在不自由的悲慘世界……

這時，皇帝還在皇宮裡，大口享受山珍海味，大把數著金銀財寶，看著人民受苦。我們推倒廣場的皇帝石像，拯救出被關進大牢的人民。皇帝氣得牙癢癢，親自帶領大軍包圍。

我們被包圍了。皇室有八萬大軍，我們只有區區三萬人但我們並不害怕。他們拿刀劍，我們拿鋤頭，但我們卻不緊張，為何?因為我們是追尋自由已久的老百姓，且父親相信我，他一定在天上保佑我們，他是自由的象徵，不管犧牲多少，我們得獲得自由。

敵人從四面八方如潮水湧來，我們不怕死的直衝，自由讓我強壯、讓我們相信。血從黑暗方向噴來，我們有著父親保護，用力大喊「自由!給我們自由!」血在大地流著，並不是憤怒的血液，而是獲得自由的血液。在暗處的敵人，終於死的死、逃的逃。

「這次戰役成功了!終於成功了!」我們在太陽下高呼。

「是呀!孩子!你成功了，大家都自由，犧牲掉的英勇戰士都自由了。」天上的父親慈祥的說著。我望向父親的臉，「父親，這都是有您，有您的相信，您便是自由。」這時天上的父親哭泣了，大雨澆熄了人們累積已久的怒氣。願這場大雨也可以洗掉皇上骯髒的心呀!雖然不知道他會逃到何處。

多年後的此時，我已經四十幾歲了，我老了，抱著妻子，帶著孩子來到高山上。我們望著美麗的國度，自由、和平，沒有皇帝，人們努力工作。

「父親，我辦到了，我相信您，我辦到了。爸爸，您一定是顆明亮的星星，望著我們雙手造出來的自由國度，您就是自由。」

平靜的天空微笑了。

父親象徵自由，我相信父親，同樣的，我也相信自由……

卷二　在教育上學到的事

開始帶孩子成長的歷程

二〇〇九年的山毛櫸已經二十一歲，在大學念書，課餘時間打工，是一個成熟的青年了。

回想這十餘年來，和他一起成長的經歷，我心中充滿感動，因為他是我進入教育之途中，老天爺送我的功課與禮物，若沒有他的參與，也許我不會變成一個熱愛教育的人吧！

二〇〇九年初夏，二十一歲的山毛櫸到台中訪友，匆匆和我碰面。臨別前，山毛櫸對我說，「好久沒見面了，車上聊一聊再走吧！」

我開著剛買的二手車，載著山毛櫸在住宅區轉悠，方向盤左轉右轉還不是很順手。我是開車的新手，山毛櫸看著我開車的笨拙樣，竟點頭稱讚說，「你開車很順嘛！」

說起開車，山毛櫸是行家，從小便立志當卡車司機，我曾和他分析開卡車的甘苦，要他多觀察適不適合自己。他都堅定的說，我喜歡開卡車。

十九歲生日那一天，山毛櫸從宜蘭駕訓場打電話給我，「阿建，我考上卡車駕照了！」

二十一歲生日那天，山毛櫸又通知我，考上聯結車駕照，他可以開著任何車載我環島了。

二〇〇九年的山毛櫸已經二十一歲，在大學念書，課餘時間打工，是一個成熟的青年了。回想這十餘年來，和他一起成長的經歷，我心中充滿感動，因為他是我進入教育之途中，老天爺送我的功課與禮物，若沒有他的參與，也許我不會變成一個熱愛教育的人吧！回想他調皮的樣貌，蹺課的姿態，算數學的挫折，登山的堅持，戒菸的苦悶，樂團的挑戰……皆歷歷在目，很難忘懷。

提到樂團，山毛櫸已經打鼓好多年了，我很好奇他上了大學，是否還繼續練習呢？他一心一意想成為卡車司機，已經如願考上了。我記得他曾經也想當一個鼓手，是否仍堅持理想？

山毛櫸告訴我，「有啊！有啊！我還在練鼓喔！」

以往他的偶像，是金屬樂團的鼓手，造型像地獄闖出來的鬼一樣，令我不敢恭維。山毛櫸念中學時，也常將自己打扮成那副詭異的樣子，幾年過去了，我很好奇他仍是以金屬團體為偶像嗎？看他的造型不像以往誇張了，我好奇地問他，「你現在打鼓，還有沒有偶像？」

山毛櫸肯定的說，「當然有啊！也是打鼓的頂尖人物呢！」

我很好奇的追問，「是誰啊？」

「唉呦！說了你也不會認識！你又不聽金屬。」山毛櫸擺一擺手，一副篤定的樣子。

經我好奇追問，山毛櫸說了一個搖滾團體，我果真沒聽過。

但我很好奇他的新偶像，會是什麼樣子的樂團呢？山毛櫸經常介紹他喜歡的音樂，以及事物跟我分享，那是我們以往在學校對話的內容之一。我開玩笑地問他，「你打鼓的技術，還要多久時間，可以趕上那位偶像呀？」

我以為山毛櫸會哈哈大笑，說是天方夜譚，怎麼可能趕得上偶像呢？想不到山毛櫸相當認真地說，「應該一年吧！最遲一年半，我應該能追上他現在的技術。」

我相當訝異他的答案，從他自信的口吻中，可以看出他的堅持，還有他多熱愛打鼓。我問他，「你每天都持續練鼓嗎？」

他點點頭，「這一年來，每天都會打個八小時以上的鼓吧！」

「你這麼熱愛打鼓，對打鼓這麼有興趣呀！」我讚嘆地說道。

想不到山毛櫸搖搖頭說，「哪有？我有時候打鼓打得很煩，常都想放棄，不想練了。」

（Tip1）

他以前比較畏苦怕難，遇到挫折常會退縮，並且從不進學校課堂。國中二年級時，連百位數乘法都算不來，但長大之後，他有很多改變，「我很好奇，既然你覺得打鼓很煩了，怎麼會沒有放棄呢？」

車子在住宅區轉了一圈，回到我任教的寫作班，「千樹成林」四個字在山毛櫸身後掩映著，招牌是老鬍子提的字，一旁是我和甘耀明演繹的兩句話，「每個小孩都是一棵樹，這是森林的開始。」想起我和山毛櫸在森林中學的種種，如今他已經長這麼大了。

山毛櫸看著我，停頓了一下，認真的說，「阿建，因為我想成為那樣的人！」

初識搗蛋鬼

一九九八年我三十二歲，離開記者工作，進入體制外中學任教，僅為了餬口飯吃，對於教育沒有理想，也缺乏熱忱。老鬍子聘我任教，一則聘不到老師，二則想請一位作家教文學，想為衰敝僵化的中文課堂，帶來不一樣的面貌？（註一）

十歲的山毛櫸也是在一九九八年，和我同時進入學校，但我們不僅不熟悉，更互看彼此不順眼。因為我不懂愛的教育，不喜歡拐彎抹角，更是一個嚴厲的老師，經常說教，對學生要求很多，常不假辭色指正孩子的錯誤。

偏偏山毛櫸是個調皮搗蛋的孩子。

他很少進課堂，總是惡作劇，或者正想著如何惡作劇，開口閉口都不正經。所有的老師提到他，莫不搖搖頭，一副無可奈何，又無可救藥的表情。

Tip1：常有人誤解快樂學習的面貌，當孩子在學習遇到疲乏或者挫折時，未經過談話與引導，便任由孩子放棄了。忽略了學習的責任、成就與興趣都必須放在一起談論，如此一來，學習者即使放棄了，也不會快樂，因為學習的過程，一定會遇到挫折、煩躁或困境。

山毛櫸擅長蠟筆小新式的黃腔，若是初識他，不是驚訝錯愕，就是哭笑不得，「你今天有沒有打手槍？」「妳的咪咪好大，好想躺在上面喔！」「我們玩親親好不好？」「來，親我的屁屁。」……

山毛櫸處在一群學生之中，誇張的言行舉止，很快收到了回饋：泡麵被偷了，床鋪被潑水，牙刷又不見了，鞋子少一只，眼鏡碎了，半夜被丟到大水池，被抓去阿魯巴……

關於山毛櫸的故事，我曾經在《沒有圍牆的學校》一書中〈P的成長歷程〉書寫，寫陪他挫折的過程、教育觀念的思索、陪伴他戒菸、陪伴他失戀、支持他勇於挑戰、克服黑暗的恐懼、目睹他為了當登山小組長，堅持艱辛的旅程，直到他逐漸成長。如今要書寫的部分，是他日後的狀況，以及將幾個互動的細節放大，來看影響我的教育關鍵，使我沉思之處。尤其我是如何從沒有教育理想，轉變成一個對教育有所信念的人；如何從厭惡山毛櫸，到接納並陪伴山毛櫸成長。也許讀者可以從中看到同樣熟悉的處境，看到我的憤怒與挫折的轉圜，連結到自身的教育經驗。

說起童年的山毛櫸，讓所有的教師都嘆息，讓全世界的人都頭疼，有老師戲說，「耶穌都會垂淚，媽祖也會生氣。」因為他從不安靜下來聽老師說話，更不把規則放在眼裡，他的名言是，「規則只是用來裝飾，或者讓人變成紳士而已。」他向來活在自己的世界，老師們簡直束手無策，以至於教師會議中，有教師提議讓他轉學，不讓他繼續留在學校。

只有一個教師例外，正是他的導師鄧功偉，他是一個像慈父一般的學者，對山毛櫸愛護有加，且耐心以對。

猶記得我剛到山上任教，鄧功偉身著寬布衫，腳穿功夫鞋，手捧一個玻璃杯，裡頭放了半截蠟燭，約我一同穿越竹林喝茶。他神閒氣定，咬文嚼字的對我說，「古人秉燭夜遊，良有以也。今日和崇建兄秉燭夜行，也不失古人遺風。」

多數的人，對鄧功偉的斯文不耐，山毛櫸也不例外。但功偉從不以為意，仍舊對山毛櫸諄諄教誨，不憚其煩地呵護他。

對於功偉的教誨，山毛櫸說自己很少聽進去，但是他卻最信任功偉。因為功偉真正對山毛櫸寬容，真心對他關懷，不僅包容他，更常安慰他。功偉是個沒有脾氣，溫文儒雅的長者，彷彿能包容一切，即使山毛櫸不斷犯錯。事實上，山毛櫸一直認為功偉的寬容影響重大，他不只一次告訴我，「如果那時候沒有功偉，不知道我會變成什麼樣子。」

同住屋簷下

山毛櫸升上國一那一年，功偉離開學校了。山毛櫸在學校向來被排擠，連教師群都對他印象不佳，功偉非常擔心山毛櫸無人照料，恐怕被學校放棄，特別在暑假打電話給我，頗有「託孤」的意味。

不知為了什麼原因，功偉期望我擔任山毛櫸導師，理由是我能教導山毛櫸。我卻抵死都不答應，因為我不喜歡山毛櫸，又怎麼能帶領他？何況他是燙手山芋，接了他只會讓自己受罪，等於自掘墳墓。

功偉在電話那一頭殷殷請託，我都不為所動。我對教育沒有那麼大的熱忱，心知肚明這件事勉強不來，堅決不能答應，但功偉始終沒有放棄，竟在電話那頭哽咽了。

是什麼樣的老師，會為了一個搗蛋鬼如此請命？和孩子有如此深厚的感情？真心關懷他？

我被功偉打動了，答應了他的請求。

與此同時，我又感到心虛，我才教書兩年，對教育一知半解，雖然有了小小的熱忱（註二），卻絕對不是甘願為教育犧牲奉獻的那種人，也沒有偉大的教育抱負，該怎麼接受彼此討厭的學生？

掛了功偉電話，我思考山毛櫸的問題，思來想去就是山毛櫸欠缺一個典範。一個即將升入國中的孩子，住在學校裡面，沒有親近的老師，沒有要好的同學，又從不進入課堂，怎麼會變成好孩子呢？

我天真的想，既然如此，我乾脆和山毛櫸一起住吧！甚至挑選幾個行為偏差，或者常被欺負的弱勢孩子同住，以身作則，教導他們做人處事。主意打定，我向學校提出想法，老師們樂見其成，一致舉雙手贊成。

我在腦海裡演練各種計畫，打算好好「**感化**」這個調皮的傢伙，現在想起來，真是無知極了。一旦和山毛櫸住在同一屋簷下，這些計畫全不管用，深深感覺挫敗，也覺得自己相當無能。

簡單來說，每天晚上十點半是就寢時間，山毛櫸就無法做到，總是在外頭晃蕩，每夜都要去找他，我們鬧得很不愉快。對於居住的環境，每位學生都有一個清潔區域，但山毛櫸從不打掃，任憑我怎麼好言相勸，威脅恫嚇，他都無動於衷。生活之中，我們常有摩擦，又不能對他生氣，一旦生氣了，他便擺出一張冷酷的撲克臉，理都不理我。

因為同住一個屋簷下，我深深感觸：家長難為，老師難為，令人喪氣！

但他沒有朋友，一遇到挫折，常哭得一把眼淚，一把鼻涕，跑來找我訴苦。但我還未聽完他的苦悶，已經累積一肚子火了，這個調皮又不上進的傢伙呀！哪有資格訴苦？剛開始我若不是板著臉說教，就是要他好好認真，不要再搗蛋了。因此山毛櫸雖然會來找我（註三），心裡卻很抗拒我。

要如何教導他呢？我們連相處都有問題了。我將這個沮喪的情況，求助輔導組張瑤華與張天安老師，共同商議如何面對。校外督導王理書，也給我幾個建議，其中一個是在掃地工作上，給他小小的責任，讓他擁有小而具體的成就（Tip2），再以正向的好奇（註四），幫助他擴大努力的成果。

王理書也建議我，和山毛櫸對話時，不要只是說教，要多一點兒接納與傾聽。

Tip2：這個技巧，我經常使用，讓孩子不致忽略成就，獲益良多。

因此我改變了策略，將山毛櫸的掃地工作，從一般灑掃，改為十天倒一次垃圾，他只要將垃圾桶的垃圾，拿到三十公尺外的垃圾場倒掉就可以了。與此同時，我不斷調整心態，練習了很多正向好奇的問句，比如，「我很好奇，你今天怎麼這麼負責，主動將垃圾拿去倒了？」「我很好奇，你怎麼能將垃圾收拾這麼乾淨？」（Tip3）

如今回想那一段歷程，彷彿看見十年前的自己，既期盼又沮喪的身影，隱身於門後面，不斷練習正向好奇的問句，等待山毛櫸倒垃圾的行動，殷殷期盼這孩子有所改變。

遺憾的是，這些問句我都沒有使用上，因為他和我住的一年時間裡，沒有看他倒過一次垃圾，但對我日後的態度卻影響深遠，我逐漸將「正向的好奇」，內化成心裡的觀念，看事情的態度，也變成我說話的方式。

至於接納與傾聽，我能怎麼做呢？當時「正向好奇」的觀念，還未擴大成一種態度，因此每當他一說話，我便想告訴他，「不要這樣想。」「不要這樣做。」「應該這樣做呀！」「你不要……」往往得到反效果，山毛櫸總是無比憤怒（Tip4）。**但面對他的問題，我心裡也帶著很多憤怒，很多不舒服，還有很多期待與說教，即使不說出來，他也一定感受得到。**而且，每次聽他訴苦，成了我的夢魘，因為事情沒有改善，只是一直陷入漩渦之中，讓我既無奈又苦悶，成了巨大的折磨。

那要如何接納與傾聽？我常自問，我都不表達意見了，還不夠接納嗎？還不算傾聽嗎？

答案顯然是否定的，因為我的耳朵和心靈，都封閉起來了。我當時不明白，接納是什麼意思？後來才逐漸了解，接納與認同不一樣，接納是一種對生命的諒解。**因此，接納一個孩子，並不一定認同他的行為**，但一旦懂得接納，就能真正傾聽，幫助孩子釐清問題。可惜我當時始終不明白其中道理。

因為懂得，所以慈悲

在山中任教，對我而言是天大的幸福，因為山居環境很適合我，那一段期間和朋友寫信，常會在信末，引用胡蘭成與張愛玲簽訂終身時，寫的兩句話作為祝福，「歲月靜好，現世安穩。」

當然，這是指沒有山毛櫸擾亂的時候。

四月的一個午後，山中的春天猶有餘韻，我清楚地記得春光從山黃麻的葉隙穿透邊窗，美好而安靜。我為自己煮了一杯咖啡，正想好好品嘗這個美麗的春日，房門便沉重的被敲響了。

Tip3：我經常練習的結果，不僅內化成我的心態，也改變了我對事情的看法。

Tip4：這便是大量從「觀點」與「期待」出發，卻無助於改變孩子行為的例子。然而，這並不意味著大人不能談觀點或期待，而是當不斷重複，卻得不到改善時，應該轉換另一個路徑，這也算「面對問題，不是問題。如何面對問題，才是問題。」

來者不是別人，正是哭得淚眼模糊的山毛櫸。我心中一陣沮喪，這美麗的春光毀了。

「又怎麼了？」我很不耐煩的問。

山毛櫸一定感受我的不愉快，久久不說話。他的哭泣告一段落之後，才憤怒又傷心的說道，他心儀的女孩，以嫌惡的臉色拒絕他的接近。

我心想這不是廢話嗎？誰會想和他親近呢？打扮怪異，調皮搗蛋，學習不佳，說話噁心。誰想和這樣的人交往？誰會和他接近？想的人一定有問題吧！

聽他講述挫折，我很無奈，這個老掉牙的問題，為什麼他就是不懂。我不耐煩的「聽著」，很想罵他一頓，但我知道不能，只能憋著一股氣，佯裝好脾氣的聆聽著。

山毛櫸說到傷心處，哽咽了良久。他清了清鼻腔與喉頭的鼻涕，起身將邊窗推開，噁心地將痰吐到窗外，和美麗的春光形成強烈的對比。

當他重新走回座位時，要我等一下再繼續談話。

我不耐煩地問他，「你要幹什麼？」

山毛櫸摸摸哭紅的鼻子說，「唉呦！你等一下啦！」逕自走進廁所，抽了兩張衛生紙，啪達、啪達地下樓了。

我聽見一樓紗門咿呀——一聲被推開了。

我很好奇，這個永遠調皮的山毛櫸，又要做什麼。我從邊窗探出頭看，竟然發現山黃麻樹旁，有一個孤單且認真的身影。

原來，山毛櫸的痰吐到我摩托車椅墊了。他心裡帶著悲傷、憤怒與困惑，卻拿著衛生紙，仔細地將椅墊上的痰漬擦拭乾淨，他低頭的神態有一種認真。

在那樣一個春日的午後，我忽然被山毛櫸的舉止打動了。

這孩子還不壞呀！否則為何這麼傷心了，還要下樓幫我擦車。他平常惡作劇慣了，不會在乎將痰吐在哪兒，可見這孩子真心當我是朋友，但我並未真正想去理解他，只是想說服他。

我想起童年的自己，孤單的心靈裡面，從未被老師接納，永遠都是犯錯的壞蛋。如今我是一位老師，除了說教與發怒外，又何嘗真正接納過山毛櫸？感受過他的痛苦？

想到此處，我的心靈忽然柔軟了，憤怒不見了，取而代之的是感動與感傷，並且覺得自己與山毛櫸靠近許多。

當山毛櫸上樓以後，我重新聆聽他的痛苦，心中不再不舒服了，也不再想要說服他，只是真心聆聽他的遭遇，陪伴他而已。

那個春日的午後，我永遠記憶鮮明，是我真正接納山毛櫸的開始，原來**接納的感覺帶著一種愛與力量，一種寧靜淡定的感受**。我仍舊告訴他什麼是錯的，什麼是違反規則的，都是以堅定且平靜的語氣說出來。山毛櫸的應對也少了憤怒，比較能聆聽我的意見與教誨了。

那是一個神奇轉變，發生在春日午後的一個畫面，彷彿天啟一般，轉變了我的態度。我想起張愛玲曾經寫道，「因為懂得，所以慈悲。」在那一刻，我深深了解這一句話的意思了。

山毛櫸和我同住屋簷下一年，他常好奇我為何寫作，為何讀書。我發現他也企圖寫作，坐在書桌前對著稿紙發呆。我發現他開始閱讀余華、蘇童、羅洛梅與克里希那穆提等書籍，這是我們一同居住的影響嗎？我還真不知道。

愛是成長的動能

自從那個春日午後，我和山毛櫸的衝突日漸減少，有品質的對話日益增多，有時能讓山毛櫸思考好一陣子，他經常找我分享，尤其是痛苦的時候。

那是一個深夜，已經十二點了，我仍埋首在檯燈下寫作，房門輕輕被敲響，門後是沮喪頹喪的山毛櫸。

山毛櫸又遇到同樣的事件了，他心儀的女孩嫌惡他。這個事件總會讓他痛苦，讓他情緒極度沮喪，彷彿整個人陷入憂傷之中，無法自拔，甚至想要輕生。

他坐在我的面前，檯燈橙黃且溫暖的色澤籠罩他，將黑夜切開成兩個世界。

我心裡思考，這是怎麼回事呢？他平常如此調皮，活潑開朗，一遇到感情的挫折，便頹唐陷溺，該怎麼幫助他逐漸有勇氣，擁有面對挫折的能力？（Tip5）

他告訴我，不想待在這個世界上，方才坐在三樓陽台，只要雙腳再往前一點兒，就會結束生命了。（Tip6）

他認為自己什麼都不會，沒有朋友，又受人討厭，是一個沒有價值的人，沒有任何一個人愛他，連他的父母也不愛他，這樣活著還有什麼意義？

山毛櫸的父母是小職員，其實很愛他，他們不遠千里，將山毛櫸送來體制外學校就讀，還經常到學校探望他，在精神上和金錢上都是沉重的負擔。以往我和他辯證父母的愛，他總是更加生氣，認為父母只是花錢而已，那不是愛，他舉了很多他們之間的衝突。因此我明白，愛只是這樣辯證，沒有辦法深植於他的心中，愛是一種真實的感受，存在渴望的層次，不是一種頭腦的辯證。那要如何讓他感受到愛，並且以此為基石，讓勇氣滋生呢？

我聆聽他講了一個多小時（Tip7），為和緩他的情緒，我握住他的手告訴他，這兩年我對他的關懷和愛，他能感受得到嗎（Tip8）？

山毛櫸停頓了一下，點點頭表示可以，接著說，「那又有什麼用？只有你一個人的愛而已！」

我跟他說，「至少不是如你所說，得不到任何人的愛，也許是你沒有發現而已。」

Tip5：通常孩子無法和「愛」連結，一旦遇到挫折，便會將所有的負向記憶連結起來，產生沮喪或放棄的念頭。「愛」也是人類渴望的一部分。

Tip6：他有幾次這樣的念頭。我告訴他，當念頭出現時，起碼要親自到我面前，跟我告別，因為我很關心他。在他沮喪時，我有機會和他談話，以免他做傻事。

Tip7：聆聽的過程，我變得不會急於表達，懂得「停頓」。幫波蘭導演奇士勞斯基配樂的大師普瑞斯納曾說，「停頓不是什麼都不做，停頓是創造出來的。」這有點兒像國畫中的留白，藉由停頓，藉由好奇探索，讓自己有機會思索該怎麼切入。

Tip8：我從真實卻細微的感受核對，才去辯證且擴大這分感受，有助於他思索，並感受我的關懷。

我表情應該很認真吧！專注而平靜的接著告訴他（Tip9）。「起碼這個世界上，你至少感覺得到我的關懷，當你遇到挫折沮喪的時候，你會來跟我說，也許我不能解決，但是至少還關心你，不是嗎？」

我發現山毛櫸一面沉思，一面點頭，當他開始思考，情緒便不再深陷憂傷，已經回到理智的層次了。他在頭腦與愛的感受間探索，我感覺他能感受我的關懷，談話中漸漸有了力量。

夜間兩點，他情緒和緩，我要他去就寢了。接下來的畫面，也讓我一輩子記憶深刻。當時我當他導師超過一年，已經結束和他同住日子，回到教師宿舍居住，他也搬回樓上的學生宿舍。

我將門打開送他出去，昏黃的光線將斗室切成兩半，區隔成明暗兩個世界，山毛櫸的臉有一半在明亮中，他跟我說，「阿建，抱一下再睡嘛！」

我給他一個擁抱，道了晚安，臨走前他突然抬起頭來說，「崇建，你很愛我，對不對？」

我點點頭，這是剛剛才跟他談的主題。

他指著我身上穿著的保暖排汗衣，那是一件三千多元的登山裝備，我很捨不得買的昂貴衣物。他說，「那你這件衣服借我穿。」

我當時有潔癖，不和別人共喝一杯水，也不喜歡和別人共穿衣物（註五），尤其山毛櫸調皮愛玩耍，我才不要將衣服借給髒兮兮的他穿。

我拒絕他了。

山毛櫸站在黑白分明的光線下，直接的質問我，「你剛剛不是說很愛我嗎？為什麼連一件衣服都不借我？」

這是大哉問，我頓時說不出話來。

山毛櫸在黑暗中眼神凝重，等待我的答案，我一時答不出來，只是停頓沉思（Tip10），片刻間腦袋思緒大量流轉。

是呀！我剛剛才說關愛他，竟然連一件衣服都不想借他？那我的愛是不是為解決他的憂傷而說？如果是的話，又怎麼會是關愛呢？但我若是借他衣服，卻又違反我的意志與感受，這樣會養成他的依賴嗎？而且我心不甘情不願，那我們的關係如何會長久？又怎麼會是愛的本質？

因為山毛櫸的話，我在那一刻深深思索，沒有答案。

但我自問，真的愛這個孩子嗎？答案是肯定的。如果真是愛他，我是否可以真誠地告訴他？而不是討好他，並且犧牲自己的原則？因為愛是一種自然的流動，而不是一種包袱。

Tip9：為了和孩子有更深層的連結，我常準備好自己，讓自己透過深呼吸，以更專注、更平穩的語氣談話。

Tip10：當回答不出來時，我建議大人可以停頓沉思，而不需要在慣性中，急於解釋和回答。有時候我會跟孩子說，「你說的有道理，我得想一想才能回答你。」讓自己有更多時間沉澱與思考，也讓孩子感受到大人真誠面對問題。

我最後問他，「這兩年我對你的關心，你能感受嗎？」

山毛櫸點點頭。

現在回想起來，那一刻我一定深呼吸一口氣，專注地對他說話吧！「你也知道我有潔癖，不將衣服借人。」

他再度點點頭。

「那你能分清楚這是兩件事嗎？衣服不想借人，是因為我生活的原則，並不代表不愛你，如果我借你，只是為了符合『愛』，我會很不舒服，也不是我想要的。」

我這時的談話，不是要說服他，而是表達我自己，因此語氣不是冰冷說教，而是平靜和緩（Tip11）。

他在門前沉思十幾秒，彷彿完全理解了，才露出笑容，堅定的告訴我，「嗯！我好像明白了。」

怎麼會這麼順利呢？我不放心的再次確認，「你真的明白了？」

山毛櫸語氣詼諧的說，「唉呦！我沒那麼笨好嗎？」

他又擁抱了我一次，才回房睡覺。深深的夜裡，我望著他在長廊漸行漸遠的身影，心中湧起一種感動，卻不知道這種感動為何而來。

我曾在《沒有圍牆的學校》一書中，為這一段經歷寫下感想，「事後曾經思索這一段過程，我並未去討好他，因為我想給他的是支持，而非讓他依賴。支持會長出力量，依賴則會站不起來。」

現在重新閱讀，發現自己在山毛櫸的疑問中，明白了如何將「愛」傳達出來，而不是以「寵」來對待孩子，才能真正讓孩子成長。

這是山毛櫸送給我的禮物。

有愛，也有衝撞

山毛櫸和我日漸親近，他也日益成熟。雖然我們感情好，卻也有衝突的時候，尤其山毛櫸本來就調皮搗蛋，不可能一下子改善。

一日午後，他來我房裡，嘻皮笑臉地炫耀，「阿建，你知道嗎？真的有人睡覺眼睛是睜開的耶！像張飛一樣喔！」

我問他怎麼知道。他才支支吾吾地說，前一夜兩點多，他潛入某老師房間，正躡手躡腳的走近，卻發現老師的眼睛瞪得很大，他心想完蛋了，被發現了。卻聽見那位老師正在打呼，他猛然想起三國演義裡的張飛，便大著膽子走上前，將手在老師眼前揮一揮，果真在睡覺。

他去做什麼呢？我很想知道半夜兩點鐘，他從窗戶跳進老師房間幹什麼。

山毛櫸這才告訴我，他去房間偷鑰匙，騎機車下山逍遙，直到凌晨才回校。

Tip11：此時的說話，若是帶著情緒，或是不舒服，談話的過程，經常會讓聽者不舒服，認為只是想要說服，或者找藉口，但說話的同時，若心靈寬敞，則語氣會淡定平穩。

山毛櫸口沫橫飛的說著，絲毫沒發現我怒氣攻心。我生氣地質問他，「你去偷東西？」

「對呀！」山毛櫸一派輕鬆的樣子，更惹得我怒火上升。

「你還對呀！這個不要臉的傢伙。你今天就給我去自首，要不然我就去九人小組告你（註六）。」

山毛櫸錯愕的說，「你幹嘛那麼生氣！」

「你這麼不要臉，跑去偷人家東西，還問我為什麼生氣？給我滾出去！」現在想起來，我真是氣急敗壞了，口不擇言地大聲斥責，根本不管什麼接納？什麼教育原則？什麼開放教育思維了。

山毛櫸整個臉漲紅著，看得出蓄滿憤怒，忿忿地甩門而出。離開前還使勁撞了我肩膀一下，怒氣沖沖地走了。

山毛櫸離開後，我在空蕩蕩的房間裡面，混雜著複雜的感受，腦袋轟轟亂鳴。我實在很沮喪，深深地覺得自己失敗了，很想從此不教書了。

待我冷靜下來，明白自己最傷心的事，並非山毛櫸偷跑下山，也不是他去偷鑰匙，而是我和山毛櫸多年建立的情感，竟然就這麼毀了。那是一種心思搖晃，卻又懊惱不已的情緒。我坐在房裡，隨著時間流淌，逐漸沉澱，心裡才漸漸清明起來，「他就是因為和我無話不談，才會如此坦然分享他的壞事，但是我當下的憤怒反應阻礙了彼此的溝通。雖然他做錯了，但在指正他之前，我應該先向他道歉，為我憤怒的態度，我這樣的態度是不對的。」

兩個小時後，我深呼吸一口氣，決定向他道歉，到學生宿舍尋找他。但我已經找不到他，不知他跑去哪兒逍遙了。直到隔天上午，我再次到山毛櫸房裡，才發現他被我罵走後，便偷跑下山，一個晚上沒回學校。

我撥了好幾次手機，他都拒接。當時我喪氣極了，既擔心他的安危，怕他想不開尋短，又怕他當時戒菸失敗，藉故重新抽菸。

我記得撥到第六通電話，他才冷冷地接起電話，說跑到豐原去了。大致地對話，我在《沒有圍牆的學校》已經呈現，但當時沒有呈現出來的，是我向他道歉的細節，當時書寫的時候，並未覺得這是重點，如今重新審視，這個經驗對我相當特別。在我的紀錄裡面，當時向山毛櫸道歉，雖然透過電話，卻很真心誠意。

想不到山毛櫸在電話那一頭冷冷地說，「你說什麼，我沒聽見！」

我只好再道歉一次，「昨天我很生氣地罵你，我這樣很不對，對不起。」

山毛櫸可是很折磨人的，他竟然說，「你說什麼？我沒聽清楚，再說一次！」

我心平氣和又說了一次，並且告訴他，我是認真道歉的。

他才告訴我，「嗯！好吧！」

一個小時之後，我到宿舍找他，他早已經像一個皇帝，大大咧咧地坐在床頭，彷彿等待臣子來認錯。

我仍舊再一次道歉，不是高姿態的道歉，而是真心誠意地，為自己憤怒的態度。

山毛櫸這才站起身子，拍拍我的肩膀說，「對嘛！人家跟你這麼好，跟你分享祕密，你竟然發這麼大的脾氣。」

這孩子雖然調皮，其實滿可愛的，回首思考他的舉止，一派純真而不矯飾，也不將彆扭的情緒延長，真心將我當個朋友，當個父兄。但我不只是他的朋友，我還是他的老師（Tip12），我還有教育的責任。

我和山毛櫸彼此都不生氣了，問題還沒有解決，我問他，「但你潛入別人房間，去偷鑰匙是不對的。」

山毛櫸這時開始笑鬧打岔，裝起搞笑的表情說笑，想要忽略這一段，要我別這麼在意。我怎麼能不在意呢？我沒有隨著他的打岔起舞，專注地告訴他，「我還是要將你送九人小組，或是你去自首。因為我是老師，我一定得要這麼做，那是我的責任。如果你是老師，你也會像我一樣吧！」

山毛櫸裝了一個痛苦的表情，「一定要這樣嗎？」

「嗯！一定要這樣！但是我還是很喜歡你呀！我還不是都來向你認錯了，你也要勇敢認錯。」我堅定，但應該語帶溫暖的說。

「不會吧！不能通融一次嗎？」山毛櫸哀求著。

「不行，這是法律。和我喜不喜歡你沒關係。」

山毛櫸「鱸」了我相當久的時間，我只是語氣堅定，說話簡短，避免長篇大道理，淡定的看著他。最後山毛櫸只好說，「好吧！我自己去自首。」

他去「九人小組」自首，再向那位老師道歉，被判罰掃公共廁所。那一次我們聊了我的憤怒，和他的逃跑，彼此都有更進一步的了解，而他也沒有因此而再度抽菸，徹底地將菸戒掉了（註七）。

漸次茁壯的心靈

陪伴山毛櫸成長的過程，使我親眼目睹一個少年的歷程，參與他心靈漸次茁壯的軌跡，我的教育視野更開闊，心靈也壯大了，對教育的藍圖也充滿想像。

二〇〇三年我任教已經五年了，為了給自己放一個長假，並思考如何書寫體制外學校的教育書（註八），我向學校請了半年假。

山毛櫸知道我要請假半年，心靈有了焦慮。因為這段期間，我們已經無話不談，舉凡他的挫折，他的想法，他的困惑，他的喜悅，他的心得，都常找我分享。但我要離開一段時間，他意識到自己必須獨立，不能凡事都來找我，讓他恐慌焦慮不已。好幾次他經過我房間，都忍不住想敲我房門，最後都忍住了，他告訴自己要學習面對挫折，學習面對自己的情緒，因為他意識到有一天自己會離開學校，會離開我。

Tip12：常聽見「老師要當孩子的朋友。」這句話常被誤解了。因為老師的角色，不只是朋友。比如孩子不寫功課，當朋友可能只會驚訝，或者不在乎；當老師卻要檢查作業。比如孩子犯錯，朋友的角色，鮮少去告密，或者屢屢勸說，和老師的角色絕不會一樣，因為老師即使規勸，可能還要執行規則。

雖然如此，他仍舊恐慌，擔心自己不能好好站起來。從山毛櫸的擔心與思考，我有深深的體會，教育孩子的過程中，如何幫助一個孩子獨立，而不是依賴，是一個重要的目標。

我請假之前，詢問張瑤華是否能擔任山毛櫸導師，因為瑤華溫暖，不會有偏見，懂得青少年的心靈，擅長扶持孩子，也是我的教育夥伴，是山毛櫸導師的最佳人選。我的記憶中，瑤華有疑慮，主要是和山毛櫸沒有交集，而且山毛櫸過去的紀錄太「輝煌」，曾是學校令人最頭疼的孩子，雖然有了改變，但仍是艱鉅的工作。

張瑤華在學校彷如一位大姊，也是引領我進入薩提爾模式的前輩，和張天安老師對諮商輔導都相當投入，在我挫折沮喪時給我很大的支持。（Tip13）瑤華最終答應帶領，但山毛櫸卻也有不安，因為他要轉換導師，而且是不熟悉的老師，必須重新去認識與適應。

當我離開學校，山毛櫸遇到挫折，便封閉在自己宿舍裡（註九），任由音樂流淌，不上課、也不外出吃飯，幾乎足不出戶。但山毛櫸在電話中，訴說他的孤單，談談處境，但我感覺得出他的轉變，變得沉思，不再如以往莽撞不安，在低潮的情緒中也有一種潛藏的力量。

他逐漸和瑤華老師熟稔，很開心地打電話給我，有機會認識瑤華真棒，雖然他很想念我。

二〇〇三年五月左右，曾經是我導生的山菊車禍骨折，我曾陪著這孩子經歷失戀的失落，以及大考前的焦慮（註十），因此決定回來探望她。山毛櫸得知訊息，既想探望山菊，也想和我碰面，於是我們相約在山菊家碰面。

山毛櫸見我的神情，相當興奮，彷彿多年不見的老友，分享學校的點滴，別後近況與心情。猶記得山菊住在第一廣場頂樓，我和山毛櫸探望完畢，連袂下樓之後，在人來人往的廣場道別。我們分道東西，才走了五步，便聽見山毛櫸呼喚我的聲音，我回過頭來，看見山毛櫸站在川流不息的人潮中注視著我，感覺他體魄又長大不少了。他走向我說，「沒事！抱一下再走吧！」

在人潮往來的街頭，我們兩人相擁道別，我一句話都沒有說，倒是他在我的耳邊，小聲卻堅定的說，「崇建，你寫作要認真喔！」我拍拍他表示知道。他接著說，「你放心，我會越來越好！」

我拍拍他肩膀，點點頭轉身離去。

但一轉頭，我心裡面一股感動湧現，兩行淚滑下來。這股感覺有點兒複雜，如今難以去探究感動的原因，只知道這孩子以前調皮搗蛋，遇到挫折便逃避躲藏，從未讓人感覺他向上的動力，此刻卻在我耳邊說自己會越來越好，如此堅定，且認真和我分享，我覺得這孩子真的長大不少。

Tip13：我常建議教師，可以在學校形成支持團體，彼此針對個案與課堂討論，或者給予支援，面對教育工作將更有力量，也因此我也帶領家長團體，但避免在團體中只有抱怨與教導，而是如何彼此陪伴，交流心得。而從本文來看，便知道山毛櫸的成長，是透過眾人的協助所致。

直到我結束休假，回學校任教，山毛櫸已經越來越令我讚嘆了。他專心打鼓，學好數學，當上登山小組長，不再惡作劇，幾乎不再打電動，且逐漸進入課堂。他和我談話的主題，已經漸趨深刻，譬如什麼是愛、愛如何產生、人為何要活著，有時候覺得自己的存在很不真實！感覺如何來，又如何失去？我們經常分享彼此的心靈。

與此同時，我和他的談話，常回首他的來時路，看他如何蛻變成一個美好的少年，談論他改變的關鍵，談論未來的理想。每一次談到他成長的歷程，他不勝唏噓，覺得自己完全不一樣了。（Tip14）

二〇〇五年我正式辭去體制外教師的工作（註十一），當時山毛櫸已經高二了。我離開學校前夕，山毛櫸主辦了一場全校性的戶外教學，到澎湖的望安與七美島露營。他整合全校師生分組，聯絡巴士、船班、快艇、飯店與露營地，已是能獨當一面的領導者了。

朝夢想前進

當我寫這一篇文章時，時間已經來到二〇一一年，山毛櫸已經二十三歲。他暑假才剛結束歐洲與亞洲的樂團公演，即將完成大學學業，並且教導學生打鼓。有一回他結束日本巡演，興奮的告訴我，竟然和當年的偶像相遇，真是不可思議。

更不可思議的是，當年他喜歡的另一個偶像樂團，竟然和他們在英國同台演出，他更幫樂團開小卡車，穿梭在英國狹小的街道與田野，感到無比興奮，等於是他的夢想結合了，因為他一直想當卡車司機，也想玩音樂。

有一回瑤華與天安到台北，住在山毛櫸新店的住處四天，看著山毛櫸白天上課，晚間打工到深夜，早晨七點鐘還起床為兩位老師準備早餐，感覺這孩子和少年時期判若兩人。怎麼能想像當年那個不進課堂，不願掃地，惡作劇成性，屢勸不聽，差一點被趕出學校的搗蛋鬼，如今這麼體貼，如此上進。

如今我一年會碰到山毛櫸一次，都像老朋友分享心事與新事物一般美好，看著他比我還要健壯的身軀，仍舊維持純真的心靈，擁有豐富的思維，不怕挫折的努力。我感謝老天爺給了我這個機會，去認識山毛櫸，以及認識教育的面貌。

Tip14：回溯過往的歷史，以一種欣賞且正向的眼光看待，不僅聊著彼此都熟悉的回憶，也幫助孩子看自己成長的脈絡，與以前有多大的不同，自己改變多少，具體落實孩子的改變。

山毛櫸的回饋

看完阿建寫這麼長一篇，關於我不堪回首的童年往事，我的心情就像電影《武俠》裡的劉金喜一樣。劉金喜的真實身分，是七十二地煞的二當家唐龍，劉金喜因為有著一段他不願意想起的往事，也不希望別人知道他真實的身分其實是唐龍，因此遷居到偏僻的村子從事造紙業，過著隱姓埋名的生活。

對於劉金喜來說，他真的不喜歡，也不願意去想起他的往事，除了自己忘記以外，最好別人永遠都不要知道。但這些不堪回首的往事，其實也造就了他現在的武功和為人。

我的童年回憶中，負面經驗真的是太多了，書中寫到的，甚至只是冰山一角。其中提到的一些事件，距離現在甚至超過十年之久，現在想起來，還是覺得能忘掉就忘得越乾淨越好。但這些成長經驗，不論是正面或負面，對現在的我來說，無疑有正面的影響，其中最大的因素，當然是崇建、瑤華、功偉等恩師，以及許多長年包容我、陪伴我長大的朋友們。回想起來，當時的我幾乎是無法無天，想到什麼就做什麼，一天到晚搞出一堆我都不知道該如何善後的爛攤子。比起一堆問題學生，我好像比較幸運，因為總是有這些佛心般的導師們，幫我擦屁股，甚至是引導我走向一條正向的路。就是因為搞了這麼多爛攤子，每次事後想起，才覺得悔不當初，但也從錯誤、失敗和挫折的經驗中，我學到了不少難能可貴的經驗。不知道為什麼，在這裡我突然想起成龍的一首歌〈向著陽光走〉，「……有些事在我心中想對你說，只是我找不到機會開口，今夜我有一種從來沒有的感動，現在說也許正是時候。記得失敗它曾經老是跟著我走，挫折它想盡辦法要我低頭，自卑它曾經是我多年的朋友，在人生的路上將我左右，可是我想人總要向著陽光走，下定決心怎麼苦也不要回頭，人生的路總歸要自己走、自己走，鼓起勇氣承受……」

我想這個世界上，所有人都應該會遭遇挫折，或失敗的經驗，只是多寡或是輕重而已，同一個失敗的經驗，對於每個人來說影響也不同；一模一樣的事情，對某些人來說，可能不痛不癢，對某些人來說，卻始終無法釋懷。回想起來，我真是恨透了這些童年的失敗，或是挫折的經驗，但換另一個角度想想，其實我還滿慶幸我的童年是這樣。我在想，假設我從小到現在，從來都沒有經歷過這些大小事情，就代表我以後不會遇到嗎？如果這些挫折是不可免的，那我是不是應該慶幸我這麼早就遇到呢？

我認為在學校八年的時間，我學到最可貴的東西，應該就是如何從挫折的經驗中學習，而不是像從前總是被挫折打敗，這不只是單一對於挫折的看法，而是一種生活的態度。在生活中，有許多事情都可以讓我學習，有時候往往是一些無關緊要，或是最容易忽略的東西，往往都能讓我學到很多，更別說是這些令我印象深刻，或刻骨銘心的大小事情，我已經學到太多東西，覺得多一次的失敗，就是多一次的學習。

出了社會之後，我深刻的感覺到自己什麼都不會，或是很多事情都做不好。但也許是童年的經驗告訴我，這沒什麼大不了的，不會的就學，大不了失敗了就從頭來，總比認輸或放棄好，更何況沒有遭遇過失敗，怎麼知道自己不會呢？沒有經歷過失敗，又如何知道成功的美好呢？我是這樣看待失敗或挫折的。

■甘耀明對山毛櫸的觀察（甘耀明為《沒有圍牆的學校》共同作者）

關於山毛櫸，我記得的有三階段。第一階段，他讀小學時，搞怪頑皮，唯一能想像的樣子就是《蠟筆小新》。山毛櫸有一次發生了小狀況，跑到我房間避風頭，我進洗手間出來後，發現山毛櫸不見了。但是，我靈機一動，從床底下抓到他身影。山毛櫸趴在那發出古怪式的呵呵笑，跟我玩躲迷藏。我心想，這傢伙鬼靈精怪。

山毛櫸到了國中，進入了第二階段。他仍是習慣式的呵呵笑，但轉過頭去便丟出棘手狀況。他開始抽菸、逃學、偷東西。沒錯，《蠟筆小新》在漫畫裡永遠是調皮逗趣的小男孩，可是他會長大，漫畫始終沒有畫出來，但是現實有了。而山毛櫸的故事，多虧了崇建的費心費力，將他從泥淖中拉出來，成了教育紀實書籍《沒有圍牆的學校》最經典的少年成長故事。

這幾年，陸續在台北看到山毛櫸，他脫離了國中階段的「脫岔」，成為有想法且勇於追求理想的人，成為熱情的鼓手，前往各國表演。唯一不變的，是他習慣式的呵呵笑。那種笑，不再是年幼稚嫩或青少年心虛逃避式的笑聲，成了他長大後迷人的招牌呀！

註一：

當時學校創辦三年，已經有多位中文教師離職，因為學生不進課堂，興趣缺缺，老鬍子因此登報應徵「現代文學教師」，期望以較活潑的教學方式，帶領孩子進入文學世界。但我到了學校，仍是以古典文學教授為主，只是做了很多教學方式的改變，一部分呈現在《移動的學校》一書。《作文，就是寫故事》的思維，也是從學校教學過程體會，未來打算將中文教學的思索與呈現，以專書呈現。

註二：

在學校教書的頭兩年，雖然不懂教育為何，但在課程改造、學生的回饋，還有老鬍子的支持下，覺得自己對教育有了興趣。

註三：

在信念中已經陳述過，於此處再度詳述我的方法。我避免說「為什麼？」因為這三個字含有不信任、質疑、批判的味道，孩子常不願意互動，因此我改以「我很好奇」當發語詞。當我學會了好奇，就會對孩子的行為有了探索，而不是在還未深刻了解之前，予以說教或批判。而任何事物，都有正向存在，當好奇的過程，包裹了正向思維，便使得孩子有了「價值」的自我探索。但「正向」並非稱讚，也不是看到事件的表層，而是看到孩子的「渴望」層次，比如孩子的「勇氣」、「努力」、「未放棄」、「未逃避」……比如幫助山毛櫸戒菸初期，他一下子就又抽菸了，常感到沮喪，但我常在正向價值上和他對話，「起碼願意開始。」「即使不成功，也沒有放棄念頭。」「起碼忍耐了兩天，表示願意挑戰。」讓孩子正視自己的努力。

註四：

當時學校的導生制度，教師有責任在每週和孩子談話一次，學生在遇到困難時，也會主動找老師討論。山毛櫸是個天真的孩子，即使不喜歡我，但我是他的導師，他就會找我談話，另一方面，他當時的確沒有朋友了，大概也只能找我訴苦。

註五：

如今我的潔癖已經少了，現在還能撿朋友的二手衣來穿，也算是一個不小的改變。

註六：

九人小組是當時學校的法官團，由學生與教師共同組成，取代一般學校的訓導處功能。

註七：

山毛櫸從小六開始抽菸，最高紀錄一天兩包菸。戒菸之後，便不再碰菸，維持了七年，直到他成年，才又開始抽菸。

註八：
這本教育書便是《沒有圍牆的學校》。

註九：
當時社區家長魯柏君將房子借予他住，給予他很多幫忙。

註十：
山菊在山毛櫸失戀期間，給予相當多溫暖的支持，她後來考入清華人社系，中正心理研究所。從最初和山菊談話，也讓我對幫助孩子面對考試焦慮，有了寬闊的想法。

註十一：
當時學校的發展方向，和我所思考的方向已有落差。另一方面，我也想重新給自己一個環境，看是否能有所創造。我經常向孩子們說，要擁有探索與冒險的勇氣，因此自己便做了決定，但當時已經三十九歲，我心中也有恐懼，不知道能否維生。因為以前當過泥水匠，因此打電話給泥水匠老友，告知可否有一條路的選擇，是一邊當泥水匠學徒，一邊寫作？蒙老友首肯，我便辭職了。但我離開學校以後，選擇太多了，因此沒有再回鍋當泥水匠。

愛是教育的核心

父親見女孩不肯離去，突然指著自己的鼻子，操著濃重的鄉音說，「妳知道我是誰嗎？」

父親停頓一秒，認真的對女孩說，「我是個老師，妳知道吧！老師不會處罰妳，更不會要妳賠錢，回去過年吧！」

街坊鄰居說，八十七歲的李伯伯回來了，帶著硬朗的身子，宏亮的嗓門，與倔強的脾氣回來了。鄰居們談論年前的一場車禍，為遭受苦難的老人嘆息，並且讚嘆他的生命力。只見老人背脊微拱，迎著夕陽的餘暉，在巷口彼端轉個彎，到小公園散步去了。

二〇一一年一月份，農曆年前一週，八十七歲的父親出了車禍，肋骨斷三根，母親的手骨也斷裂。過年的氣氛，節慶的喜悅，全家團圓的溫暖，彷彿瞬間都摔斷了，這是如戲人生中，經常出現的無常。

「年紀這麼大了，怎麼還讓他騎車呢？」好心的員警到醫院筆錄，對我告誡一番。

我只得點點頭，虛心聆聽。

前一天我才安排一切，帶父母辦年貨，處理完雜務，過年前應該無須購物了！哪知人算不如天算，老人家心血來潮，欲往銀行換新鈔，給孫子與外孫女紅包，騎著一二五ＣＣ機車載母親出門，隨後就發生意外。

以往面對類似事件，我心中除了無奈，還會積壓著悲傷與憤怒，怎麼會這樣子呢？但如今不同以往，我的心靈比較成熟了。雖然心裡難過，卻學會應對與調適，並不會在心中糾結，或是口頭發牢騷，能轉為一種關愛與接納，面對當下的處境。

撞傷父親的二十二歲女孩，才剛大學畢業，為了上班趕打卡，車速過快，不幸就發生了。女孩撞傷父母，自己雙膝也挫傷，趕不及上班，既難過又悔恨。

聽到爸爸肋骨斷了，媽媽要開刀，女孩更是哭得淚漣漣，直說自己怎麼會撞傷爺爺奶奶？爸爸反過頭安慰女孩，「妳回去吧！我不會要妳賠償的，以後騎車慢一點。」

雙親住進國軍八〇三醫院，兩人病床相對。

人生經歷過大風浪的父親，雖然寬懷面對意外，卻也不斷自責，怎麼會在過年前發生車禍？即將進入開刀房的母親，更是身心俱痛，淚如雨下。

我並非不擔心，心中暗自忖度，「父親八十七歲，斷了三根肋骨，還能好起來嗎？我聽過幾位長輩肋骨斷裂，便一病不起了。」我心中盤算最壞情況，深深呼吸，覺察內在的焦慮、悲傷與害怕，調整紛亂的情緒。

父親在國軍醫院住了五天，不僅嗜睡，精神也煩躁，甚至一度血氧不足而休克，嚇壞母親了。醫生在小年夜讓父親出院，哪知一夜間腹部腫脹，緊急送往榮總，才檢查出脾臟破裂。母親焦慮難安，托著包裹石膏的手，守候在開刀房外，一度抱著我放聲大哭。我安慰無助的母親（註一），感覺為人兒子的責任。

父親的堅強與愛

父親在除夕夜動了大刀，身體裝著引流管、導尿管與氧氣管，痛楚得翻來覆去。我在病榻前陪伴，發現安靜的話語與頻率低緩的音樂，有助於父親舒緩痛苦，精神安定與進入睡眠（註二）。

大年初三，女孩來醫院探病，得知父親手術摘除脾臟，難過得不能自已。女孩淺睡的父親自病榻醒來，看見哭泣的女孩，揮揮手要她安心過年，別再到醫院來。女孩內心良善，再次問賠償事宜，見父親要她回去，呆立在現場，不知該怎麼辦。

父親見女孩不肯離去，突然指著自己的鼻子，操著濃重的鄉音說，「妳知道我是誰嗎？」女孩不知如何回答，她怎麼知道眼前的老人是誰。我腦海裡迅速思索，父親是誰？他是山東流亡學生，在澎湖差一點被投海，隨後被送往火燒島，換了另一個人的名字，歷經九死一生，才考上師大，在教師崗位退休，一生勤儉無華，是動盪大時代裡的平凡小人物，此外沒有顯赫頭銜（註三）。

父親停頓一秒，認真的對女孩說，「我是個老師，妳知道吧！老師不會處罰妳，更不會要妳賠錢，回去過年吧！」

父親疲累的躺下來，闔上眼睛睡去，留下不知所措的女孩（註四）。

父親的回應讓女孩錯愕，也讓我震撼，因為他將「老師」的格局，看得如此大器，同時展現某種寬闊的「愛」。雖然他平常脾氣不大好，是個固執的老人，但此刻他受傷臥床，讓人覺得他既可愛且寬大。

父親前後住院十六天，一家子都在醫院過年。出院後的父親嗜睡，身體孱弱卻不願飲食，常一進食便嘔吐，總是不斷昏睡。我想起前人病例，心中忐忑不安，將醫囑告訴父親，「醫生說要多下床活動，盡量走一走，不要一直躺在床上。」

父親揮揮手，見我仍站在床邊，虛弱地說，「任伯伯你知道吧？」

我點點頭，任伯伯也是山東流亡學生，是少數來家走動的人之一，兩年前肝癌過世了。

父親表情艱難，手掌搓揉眉心，「他生病出院的那一天，我去探望，才說了一句話，他就睡著了。你任伯母在一旁，不斷數落著，要他打起精神，不要沒禮貌。我怎麼好意思待著，只得回家了！這件事你知道吧？」

我其實不清楚這件事，仍然點頭回應。

「第二天，你任伯伯就死了。現在回想起來，他有多委屈呀！」父親原先閉著的眼睛睜開了。「老朋友來探望他，你任伯伯難道想睡著嗎？他實在沒辦法呀！這麼好的春光，這麼好的年節，兒子孫子都回來了，我也很想起來啊！但是我也沒辦法呀！你就讓我睡吧！等到我睡夠了，自然有力氣起來了。」

聽父親這麼說，我頓感悲傷與理解，只得讓父親睡下。父親知道我仍未離去，轉身又說，「放心吧！你們都長大了，我沒什麼遺憾了。家鄉的人，哪能活到像我這麼大的歲數？我已經滿足了。」

隔了一會兒，父親又接著說，「雖然我這樣想，但是我也沒放棄活下去的念頭，就看老天爺的安排唄！我很坦然，你不要擔心啦。」

父親在家睡了一個多月，漸漸恢復了活力，因車禍而全白的頭髮，又看得見黑色的髮絲，不僅有力氣外出散步，現在更每天寫書法五、六個小時。

從這一場大車禍，我看見父親的堅強與愛，我突然領略，他是這樣將我們養大的。我想起他艱辛的經歷，從不懈怠的意志力，達觀的態度，寬懷大器的愛，應給我們這些孩子們不小影響吧！

父親帶孩子的歷程

常聽見學者專家談教育，最終都會談到「愛」。只是「愛」這個字，人人識得，卻未必懂得，像走迷宮一樣，讓人難以尋覓，也令人困惑。

我從自己的家庭中，去審視「愛」如何呈現，我能否感受父母的「愛」？是否從中獲得力量？我得到一點兒心得。

我的成長經歷，並不順遂，如同某些功課不好的孩子，童年極調皮，少年極陰鬱，青年極徬徨。直到年過三十二歲，我才真正懂得如何和集合「固執」、「慈愛」、「倔強」的父親相處，懂得正視自己的價值，雖然年紀大了點兒，但時猶未晚。

以往我不懂得這些，總覺得親情很艱難，溝通也難，明明親人間互相關愛，為何那麼多衝突與折磨？

我成長於單親家庭，父親隻手拉拔四個孩子長大。他是國中的輔導主任，曾獲得十大傑出輔導楷模，卻連自己的孩子都教不好，不僅顏面無光，也沮喪之極。父親說自己當時心都碎裂，常想著這幾個孩子完蛋了！未來一點兒希望都沒有，該怎麼辦？只能在棉被裡面獨自落淚。

如今，我可以體會父親的絕望，也能感受處境相似父母的痛苦。

回首小學時光，我鮮少寫作業，整天在外頭玩耍，在家欺負弟妹。國中時期，功課敬陪末座，流連電動玩具，無法上進。高中聯考放榜，我考不上台中的學校，遠赴南投讀書，還曾經被流氓痛毆，臉腫了好大一塊，不敢回家。高中畢業，斷續打工，生活無重心，大學考了四次才上榜，最後進入東海大學中文系，仍舊一路工讀到畢業，做過泥水匠、貨櫃搬運、酒店少爺與記者，直到三十歲還沒有固定職業，人生徬徨不安。

我想要活得更有價值，卻沒有方向；想要上進，卻缺乏意志力。每回離家，便想念家人，一回到家，卻跟家人吵架。覺得人與人的溝通，竟是如此困難？覺得無限沮喪，甚至想離群索居。到底怎麼回事呢？我也很困惑！為何面對最親近的家人，卻無法和睦相處？

直到三十二歲，我進入體制外中學任教，遇見老鬍子校長，和瑤華與天安共事，學習審視自己的溝通模式，使我的生命有了轉變。

家中不只有我狀況連連。

我的二弟有良好資質，卻因為我不學好，他也跟著漂流好長一段時間。求學時期，他無法考上中區任何一所高中職，遠赴桃園退輔會辦的高職就讀，求學期間抽菸、打架、逃火車票，還睡過火車站，高職畢業就進入社會工作。二弟斷續開了二十年貨車，收入雖然不高，但總算穩定，父親見他能自給自足，工作努力，便覺安慰。

二弟四十歲那年，貨運公司縮編，他丟了工作，轉而到ＣＮＣ車床工廠上班，以大量勞力，賺取微薄薪資，根本無法養育一個家庭。我深思熟慮之後，邀約他重新學習，和我一起從事教育工作，我深信他有這份能力。直到今天，他已經學了兩年，不僅重拾書本苦學，人生觀也有重大改變，少年時期無處發揮的敏銳與思維，都在四十歲被解放，成為一位優秀的教師。

三弟是家中功課最棒的孩子，高中考入豐原的中學。但求學過程亦不順遂，抽菸、打架又摔車，被記了兩支大過，兩支小過，無數支警告，而且留級一年。他大學考了三次，才進入外文系就讀。

大學的環境，彷彿是專為他打造的舞台，從此積極參與社團，在翻譯社接案工讀，並且演出舞台劇、曾受ＩＣＲＴ專訪，到留學中心當解說員。退伍之後，三弟推估自己的興趣，選擇網路與翻譯相關事業，發揮極佳的才能，目前擔任專業經理人，任職於那斯達克掛牌上市的北京公司，符合自己志趣。

小妹則是家中老么，運動、音樂與繪畫樣樣都行，卻沒有一樣得以專精發展。在課業為重的年代，她沒有舞台發展，功課壓得她喘不過氣，我還常常欺負她，日子過得很陰鬱。國中畢業，她考不進高中，選擇進入私立五專就讀，但功課平平，看不出未來的方向。

畢業後她任職小公司，一個月薪資一萬八千元，彷彿是一個可有可無的角色，看不出自己的前景何在，讓她思索未來該如何走下去。她決定嘗試文學創作，以毫無「錢」景的寫作為職志。然而她非科班出身，從未創作任何文章，我勸她早早打消念頭，不必作夢。沒想到她意志堅強，辭了固定工作，決心冒險投身寫作，竟然在輕文學領域出版兩本書。不久後，她轉戰純文學領域，隨即囊括台灣各重大文學獎項，並考入文學創作研究所，成了出色的創作人，從事她熱愛的工作。

四個小孩都有坎坷，苦了一路拉拔我們的父親，所幸孩子們沒有走到偏差的路途，人生仍走在各自屬意的方向。現在問他，幾個孩子如何。爸爸欣慰的說，「很好，很好！沒想到你們都挺好，我的責任盡到了。」

父親給了我們什麼？

我曾和妹妹討論過，我們成長的契機為何。沒有確切答案，但一致認為爸爸的堅持與愛，是我們向上的動能。

單親爸爸工作繁忙，管教我們功課與行為，常常疾言厲色，但無論我們犯了什麼錯誤，功課如何差勁，爸爸從未放棄我們，我和弟妹才能不斷朝想要的道路前進。即使爸爸反對我們的抉擇，比如我到各行業打工，比如我三十九歲離開穩定的工作；比如二弟決定要去開車送貨；比如三弟北上謀生；比如妹妹決定從事創作。爸爸也只是耳提面命，表達自己的想法，從未激烈干涉我們的選擇，並且讓我們感受到他寬大的胸懷。

當年媽媽離開家，爸爸雖會有怨言，卻鮮少埋沉在怨懟之中，只是默默堅持。他騎著摩托車，風裡雨裡接送，晨昏辛勤身影始終在我腦海，並且堅持在孩子求學期間，為我們打理難吃的便當（註五）。即使我們怨懟，即使我們讓他一再失望，他也一如既往，一再為我們打氣。現在想一想，當我連續大學落榜三次，爸爸看完報紙的榜單，告訴我再繼續努力，不要放棄，這種態度與堅持有多艱難？

即使爸爸對我們發脾氣，也不會讓情緒停留太久，從不與我們嘔氣，給我一種恆常的淡定。有個畫面經常在我腦海，我和爸爸大吵一架，怒氣沖沖甩上房門，準備和他賭氣不說話，下一刻卻傳來爸爸的聲音，「吃飯啦！你看看我煮了什麼好吃的？」

妹妹曾說，爸爸哪裡來的耐性？哪裡來的包容？哪裡來的堅持？他七十五歲開始學電腦，學習打字，已經書寫超過兩百萬字的家族故事與歷史，他哪裡來的毅力？

這是我近幾年歸納父親的「愛」與「堅持」，帶給我們的力量。我深信家庭的圖像，會給予孩子深遠的影響，我們無疑都受父親極大的影響，幾個孩子才能從坎坷中，緩緩走出自己的生命吧！

註一：父親七十二歲時，我鼓勵父親再婚，此處的母親是繼母，她也有四個與我們年齡相仿的孩子。

註二：父親經常一整晚都無法入眠，我感覺父親由身體引起的煩悶，焦躁難受。當我深呼吸，心靈穩定，以趨近一致性的姿態和父親說話，彷彿能量彼此連結，他的煩悶就少了一些，於是我開啟電腦，小聲播放心靈音樂當背景，發現父親沉沉睡去了。

註三：龍應台的《大江大海一九四九》、王鼎鈞的《文學江湖四部曲》，都寫過山東流亡學生的故事，父親看完有著深深感觸，因為那是他經歷的故事。我寫給青少年的書《給長耳兔的36封信》，也寫到他的傳奇，但孩子們都以為是我杜撰的呢！

註四：女孩的阿姨告訴我，她很愧疚，心靈痛苦。於是我邀請女孩睡前深深呼吸，沉澱心靈之後，送一個祝福給我父親，並且欣賞自己的勇敢與真誠。阿姨一週後告訴我，女孩的心靈和緩，比較有活力了，這是引導女孩連結渴望的層次的結果。

註五：

國中三年，父親堅持為我們帶便當，從未外食。便當裡的菜色常是冰箱的剩菜，我和弟妹難以下嚥，常偷偷將飯菜倒掉，寧願餓肚子。倒是父親，總是津津有味的吃著便當，絲毫不覺得有何不妥！

卷三 課業與學習

當孩子讀書不夠認真

我握住她的手，邀請她深呼吸，請她眼神注視我，確保她是專注聆聽我說話，能收到我的關心，並告訴她我是認真和她談論這個問題。

短短幾秒鐘，她的眼眶蓄滿了淚水。

柚子是個有想法、有個性的女孩，喜歡閱讀各類型的文學。她最喜歡的作家是護玄，同時搜集很多日本動漫作品，對諸多網路與動漫作家，她都有獨到看法，不跟隨流俗，也喜歡自己編故事，畫漫畫。

但是柚子花了很多時間上網，花了很多時間閱讀輕文學，漸漸地忽略了學校的課業。柚子來自單親家庭，父親早逝，個性獨立，卻也因此顯得倔強，媽媽很關心她，卻也不知道該如何幫助她的課業。

看她升上國三了，花在電腦、輕文學與動漫的時間有增無減，課業卻節節後退，鮮少看見她將時間放在功課上頭。怎麼辦呢？要她認真念書，她多半應而不答，要她別花時間在電腦與動漫上頭，那會要她的命，衝突往往從此開展。放任她不管嗎？任憑時間點滴流逝，蹉跎人生最寶貴的青春，大人心焦如焚，孩子卻依然故我。

豐富且震盪的心靈

我是柚子的作文老師，她每週來寫作班寫一次作文，因此建立了一些情感。她是個聰明且富有創意的孩子，學習能力超強，往往能舉一反三。她也非常有企圖心，曾經為了投稿文學獎，向我請教相關細節，並訂定目標，信誓旦旦，決心達成。雖然最後總是不了了之，但是可以看出她很有想法，也很有企圖心，只是意志力不足，執行力欠佳罷了。

另一方面，她的個性纖細，心靈敏感，對自己要求甚高，亦常有蹈厲之志，這也造成她遇到挫折時心靈總是孤單，別人也很難給予她幫忙。

事實上，青春期的孩子很多都有這樣的處境，大人常常不知道該如何面對，何況她來自單親家庭。因為孩子的防衛心強，常將大人的關懷拒於門外。大人過多的關心，反而招來大量衝突，使雙方進退都失據，處境尷尬，卻不知道問題出在哪裡，該如何解決？

我初識柚子時，她是個全身佈滿針刺的女孩。

曾經因為我講話踩到地雷，她狠狠地用指甲在我手臂上剜下一塊肉，並且冷冷地說我活該。我曾討好的、關懷的摸摸她的頭，她反應嫌惡地躲開，絲毫不認為我們之間，有任何值得珍惜的感情。評斷事物時，她的觀點執著，也是引起衝突局面的肇因，但如前所述，她同時也是善良纖細的孩子，像一株帶刺的仙人掌，雖然生意盎然，但自居於沙漠中，讓人難以親近。

也許是單親家庭養成的堅強，所以面臨挫敗時不易與人傾訴？當遇到挫折、困難與痛苦時，柚子鮮少向人求助。我曾見她孤獨的在路上走著，孤獨地坐在角落沉思，噙著不想表露的眼淚，但遇到熟人，卻仍強忍淚水打招呼，將悲傷與苦痛往肚子裡吞嚥；我也曾經見她對孤苦無助之人，發表悲天憫人的看法，由此可見她的心靈有多豐富，也累積了多少壓力。

她自幼失去父親，失去了庇護，失去理所當然的父愛，內在同時錯落著孤絕與憐憫，在心靈震盪著。

她來上作文課，持續上了一年多的時間，我比較了解她的性情，懂得她心靈脆弱與堅強的部分，我們漸漸變得有話聊，但話題都圍繞在文學與創作。

她離開作文班之後，我們便鮮少聯絡。但隨著她升上國三，課業日益繁重，卻尚未收拾玩心，國中基測的ＰＲ值從80幾級，退至70級。母親表示並不在意成績，但面對她的處境，有點兒散漫，有點兒自我放棄，並不知道該如何鼓勵她。生怕愛之深責之切，卻於事無補，衍生出更多的衝突？因為我和她弟弟的感情不錯，於是我主動邀她出來吃飯，表達關心她應對考試的情況，是否需要幫忙。

直接面對問題

我們約在餐廳吃簡餐，像過往聊一些文學與創作，並且旁及家庭與學校生活。她像以往一般健談，聊著動漫的趨勢，評論新銳作家的作品。

我邀約她見面，是想提供關心，幫助她準備考試期間遇到的困難。然而，該如何切入問題？有效的幫助孩子？這是很多師長與父母感到困難之處。（註一）

我和她話家常，是一種暖身，但卻帶著極大的參與感，與她共同分享，而不是虛應故事。

隨後我神情專注，自認為態度平穩且關懷，我將話題帶到課業的問題。

柚子一聽到我的話題，便支支吾吾地帶過，我知道這對她而言，是一個艱難、不想被觸及的話題。

我握住她的手，邀請她深呼吸，請她眼神注視我，確保她是專注聆聽我說話，能收到我的關心，並告訴她我是認真和她談論這個問題。

短短幾秒鐘，她的眼眶蓄滿了淚水。

我表明自己想關心她，因為我在考試之前，也曾經徬徨終日，不是不想念書，而是不知從何下手。我有過相當艱困的一段歲月，我的內在並不認同自己，但外在又要對抗那些不認同我的人……（Tip1）

柚子聆聽著我的話，眼淚如注，淌下桌面。

我知道，我觸及她內心深處，長久以來的一個問題。

Tip1：這個分享是讓她明白我的接納。

所有的青少年，都想要一個積極正向的人生，沒有人想自甘墮落，他們不是不想努力，而是當他們遇到困頓、怠惰、犯錯、困惑與不安的時候，他們聽到的語言，通常是指責與說教。

這些道理孩子們並非不懂，真正的根源，應是如何幫助他們一起去面對上述的困境，比如讀書會煩躁，讀書無法專注，旁邊的事物會讓他分心，遇到困難該如何面對。他們僅能自己孤獨地對抗著，任由現況迴圈反覆，任由時間點滴逝去，形成更大的焦慮與罪惡感。

久而久之，他們衍生出的生存法則，便是不想努力，不想讀書，對抗大人，維持現狀。但他們心靈無法藏匿的一股憤怒，常常反應於外在傷害大人，於內在傷害自我，並且逐漸不相信自己。而大人的幫助，往往沒有加分，反而造成更大的壓力，不只孩子挫折，大人更是挫折不已。（註二）

很多大人認為，孩子在學習過程中，面臨最嚴重的問題是散漫、懶惰與浪費時間，因此著力在如何改變他們的狀態。嚴厲管教，重整紀律，但此舉在現代教養環境中，很大比例造成衝突。

大部分的孩子，是被心中衍生出來的焦慮干擾，導致他們生活散漫與浪費時光，因此我常直接觸及問題的核心，協助他們面對焦慮，讓他們意識到自我的處境，進而幫助他們解除焦慮，朝正向的目標邁進。

面對焦慮，建立小小的目標

當天的談話，讓我了解幾個部分：她同意自己想要奮起，但時光就莫名過去了。然而每天回家，除了上網之外，就是拿起小說閱讀，讀著、讀著時間就流逝了，最後上床睡覺，終日陷入悔恨與懊惱之中，亦覺得自己再也來不及努力了。

這是很多陷入迷惘的青少年，所熟悉的處境。

我的策略，通常是在對談之後，讓孩子意識自己的處境，首先邀請孩子下承諾，同意我們共同的目標是建立紀律，每天必須有所行動。（註三）

通常，孩子對於讀書的目標，設定相當完美，比如一天讀一小時英文，算一小時數學，其他學科再讀一個小時，這樣才算讀書了。但是孩子吃過晚飯，已經七點鐘，再讀三個小時的書，已經十點鐘，還沒扣除休息時間，對一個尚未建立讀書紀律，養成習慣的孩子而言，這個目標是天方夜譚。但孩子一旦意識到自己無法達到這樣的目標，心靈就會出現懊惱，因而放棄一天的學習，從此日復一日，惡性循環。

因此我為尚未建立讀書習慣的孩子，設定的學習目標是每晚十分鐘，可以背兩個英語單字，算一題數學，這樣就夠了。但是，他們必須將一日**讀書成就**記錄下來，寫著英語單字幾個，數學一題，或者讀書幾分鐘？孩子們通常都相當驚訝，這樣就夠了嗎？我點點頭，這樣就夠了，慢慢再往前走。（Tip2）

Tip2：記錄小小的努力成果，是幫助孩子在建立紀律的過程中，看見自己一步一腳印的軌跡，並且落實小小的成就，不至於好高騖遠，看不起點滴努力的成果。這個看似不起眼的動作，實際上幫助很大。

當目標訂定完畢，我還告訴柚子，一旦有一天沒有達成，那是正常現象，請她不要自責，要看看自己每天能夠落實的部分，告訴自己要有信心。

柚子點頭，同意我們的約定。然而我知道，這個約定只是個開始，她要邁向紀律的道路，已經有了眉目，但是還需要一個長久的陪伴過程。

在此必須說明，我的目標不是她的考試多高分，而是建立紀律，我的目標在養成讀書的習慣，或者培養她善用時間。當她紀律被建立之後，無論上了哪個高中或高職，她都能一步一步踏實的學習。

孩子一定會違反承諾

我和柚子約定，每週見面一次，聊她的近況，檢驗她的學習落實狀況，但是才剛剛和她達成共識，便因為我父親車禍住院，而中斷一個半月的見面。我父親住院開刀期間，她到醫院來看我，並且給我一個溫暖的擁抱，讓我感受到她的支持，也感受到這孩子的轉變。

再次見面時，距離國中基測僅剩三個多月，但是她的狀況在一兩次建立小小紀律之後，又重新回到慣性的軌道上，回到散漫悔恨的日子。

孩子會出現這樣的現象，是必經的歷程，大人無須憤怒責備，亦無須說理教誨，否則孩子就回到慣性的軌道中，也對自己喪失信心了。

當我知道她又散漫了，並未露出驚訝的表情，只是關心與探索。我們重新敲定目標，重新重整紀律，並且重新確認，這是適合她的嗎？這是她想要的嗎？她並不是很確定的點點頭，我回給她一個正向的欣賞，並且告訴她，這是一條漫長的路，一個人要突破慣性的困境，需要相當的勇氣，她已經跨出第一步了。

隨後的數週，她的記事本上寫著小小的讀書時間，雖然僅是每日三十分鐘，卻佔據著一週中的一半的天數。我好奇的問她，她是怎麼有辦法完成這半小時呢？那樣的感覺如何？

柚子靦腆的笑笑，只是說就這樣做而已。但我認為這已經很了不起了，我是打從心靈裡這樣認為，因為她已經開始不一樣了。而且她看著記事本上用功的時間，至少覺得自己沒有完全浪費時光，有了小小的積累。

然而，她並不是都有做到承諾，有幾次見面，她的筆記本大量寫著「無」，回到過去散漫的軌道裡了。（註四）

我問她，發生什麼事呢？當她每日回到家中，怎麼會違反承諾？

柚子只能搖搖頭，眼眶再次蓄滿淚水。

我握著她的手告訴她（Tip3），沒有關係，再次重新下定目標吧！她可以考驗我的耐心，考驗我的關懷，我會很有耐心在這兒等她，並且告訴她，我相信她此刻努力，成績不會太好，但是請不要放棄。

Tip3：因為她在哭泣，神情迷離，為了要還孩子專注和我聚焦說話，我會要孩子深呼吸，要孩子注視我，因為我和柚子很熟悉，當她是女兒，我握著她的手，讓她感受被支持的力量。

我們重新討論，她沒辦法進入讀書狀態的癥結。**其實沒有明顯答案，我心知慣性會讓她重回過去，我需要有點兒耐心，再次幫助她建立新的慣性，告別過去的處境。**因此我只邀請她讀書時間到了，就幫助自己深呼吸，覺察自己此刻在做什麼。請她不要看不起一點點認真的時光，並告訴自己即刻落實。

她的紀律承諾履踐，偶爾起伏不定，但我從一個大脈絡的軌跡來看，發現她努力的時間增加了，可達一個小時，每週達成紀律的時間也增加了。

每次見面，我都很好奇她是如何做到的。當看到自己做了這麼多，並沒有浪費時間，感覺如何？（Tip4）

若是她沒有做到，我以溫暖且堅定的語氣關懷她，從未以負面情緒質問他。有時候，她沒有達成目標，和我談及讀書狀況時，會談到生活中的不順遂，比如和媽媽的爭執，和弟弟的爭吵，而我只是當一個聆聽的人，我不需要幫助她解決什麼困難！

有一次我和她聊到了失去父親的感受，會有很多孤單的感受在內在奔流，還有其他的情緒。她第一次向我道出心靈的憤怒（Tip5），自己孤單的處境，對於現狀的不安與不滿，我認為她很誠實，也很勇敢的和我分享她的內在。

那一次她流了大量的眼淚，使用完一整包衛生紙。雖然我沒有跟她說該如何面對，但我給她的是理解、支持與等待，我覺得她的心靈比較敞開，也比較柔軟了。與此同時，我為了讓她持續珍惜自己，懂得關愛自己，覺察自己的正向力量，和她見面之後，我都將這些正向

觀察化作文字，每週給她一封信。（註五）

邁向紀律的慣性

在考前一個月，柚子的讀書紀律已經漸入佳境，最後半個月，她的母親告訴我，她已經完全進入努力讀書的狀態，幾乎沒有浪費時間了。

我覺得她是個了不起的女孩。因為建立新的慣性，打破舊的慣性，並不是一件簡單的事，但是她做得遠遠超乎我預料。而且她是個極其聰明的孩子，專注讀書，建立紀律，對她而言，就是功課最好的解答。

她的國中基測考完了，ＰＲ值進步，到達93級，這個結果超乎我意料之外，卻是她努力之後的結果。與此同時，我也帶著一位男孩蘆筍，他也是面臨國中基測的考生，曾經在就讀小學時來我這兒補習作文。升上國中後，媽媽憂心忡忡的向我表達擔心，孩子惶惶終日，不是打電腦便是看電視，功課卻一塌糊塗，模擬考的ＰＲ值僅有28級，該怎麼辦？

Tip4：這裡是聚焦在孩子正向的部分，我以好奇的方式，幫助她思索與看重自己正向的落實，有助於孩子信心的建立，看重自己的改變。

Tip5：親人猝然而逝，生者心靈裡往往潛藏憤怒、悲傷與孤單等複雜情緒，常在生活遭遇挫折時浮現。當柚子心靈浮現這些情緒，我盡量傾聽，並幫她澄清，或者給予接納，進而給她力量，而不是告訴她應該如何，或者如何才對！

蘆筍也是在基測前四個月來找我談話，和我每週約一次。

我的策略，也是先確認他的目標，是否也想認真？遇到哪些困難？是否想盡學生的責任，並且想繼續升學？其次和他分享我的過去，曾經作為一個學生的處境，如何艱難的面對自我與眾人！（Tip6）蘆筍不斷點頭，對我青少年的心靈甚為理解，因為那些都是他的困難。最後在他的同意下，我們訂定每日讀書進程。

蘆筍在考前兩個月，已經能每日讀書一小時，且很專注，感覺讀書時間瞬間就過去，並且看著自己讀書的紀錄，覺得自己沒有虛擲光陰。

蘆筍的基測成績ＰＲ值從30級到50級，並不是很理想的數值，因此我判斷他的讀書方法可能需要協助。但是蘆筍建立紀律的過程，是一個美好的經驗，直到考試完畢，蘆筍還建立了閱讀課外書的習慣，我希望他一直維持下去。

我協助孩子的程式很簡單：**真心接納他們↓深刻的討論↓共同面對問題↓協助孩子建構紀律↓包容他們違反承諾↓重新審定紀律↓欣賞並感謝孩子的努力**。

我一直以這樣的方式，陪孩子建立讀書紀律。直至此刻，我帶了兩個月的國三女孩芙蓉，已經能每天固定讀書兩個小時了，心靈也會比較沉靜，和父母的衝突也日漸減少。日前我問芙蓉，每日讀書的感覺如何。她笑著回答，逐漸感覺不辛苦了，看著自己的讀書紀錄，也比較有力量，聽她平緩且較自信的語氣，我深信她說的狀態，未來將會有更平穩的歷程。

我相信，沒有任何一個孩子，甘願處於混沌困阨的環境中停滯，沒有一個孩子不想擁有正向價值，因此大部分的孩子，都可以在和他們澄清內在想法，深刻討論之後，幫助他們建立讀書紀律，那對他們將來也是美好的經驗。（註六）

柚子的作品。

Tip6：這部分的分享，便是一種接納，接納他有這種情況，有助於和孩子站在同一陣線，共同面對問題。若是沒有這種經驗，我通常會分享別人的經驗，表達我的接納與同理。

■柚子的回饋

崇建老師寫了我國中三年級那年升學的經歷，如今我已經升上高中了。世界不停的在變化，身處在這世界的我，必須隨時準備好應對這變化，才不會被淘汰，這大概是所謂的物競天擇吧！我身為一個高中生，也正在這個世界繼續努力。

註一：

耐心是教育者很重要的素養，但是耐心並不是迂迴而行，或者討好孩子，那將會離問題核心越來越遠。因此，當我有明確目標要和孩子談論時，我通常會直接指向問題核心，但並不是壓迫式的要求他們接受，而是真心想幫忙與了解。

但是面對敏感的孩子，大人往往會擔心，一旦觸碰長久不能談論的話題，比如功課、電玩的議題，毀了兩人的感情，該如何是好？

因此大人必須注意自己不是去說服孩子，而是透過對話，去探索與了解，進而幫助孩子。我有一個信念，連結薩提爾模式的「渴望」層次：**沒有一個孩子不想有價值，沒有一個孩子想不被接納，沒有一個孩子的內在深處不想被愛，如此一來，我和孩子便是站在同一條線上。**

在談話前，大人應先為自己心理做功課，要溫柔而堅定，要處理好自己的情緒與期待，避免自己使用指責、討好、說教與打岔的方式和孩子對談。我的準備動作，通常是深呼吸幾次，並且告訴自己，我要抱著最大的希望，但有最壞的打算。

註二：

寫柚子這一篇的同時，我想起數年前出版的《移動的學校》一書（寶瓶文化出版），書中另一位十九歲的女孩蘿蔔泥，我寫了一萬多字和她互動的紀錄。她也和柚子一樣，有同樣怠惰的處境，但她熱愛運動與攝影。父母經常為了她的課業感到煩惱，最後她高中為了和我成為導生而延畢一年，我們經常有深刻的談話，在目標與紀律重整的過程努力。她畢業後考上文化建築系，較前一年的成績出色多了。二〇〇五年，我離開體制外中學，搬到新店寫作，蘿蔔泥還常來找我談藝術、建築與設計，常和我討論作品的創意與表現，同年她順利轉入淡江建築系，畢業後考入交通大學建築研究所，此刻在澳洲打工。

這些孩子都有美好的理想，但大人的關心經常形成壓力，事實上他們的內在也有巨大的壓力，但他們並不知道如何自處，如何發展成外在的行動。

同一本書中，蘿蔔泥的好友櫻桃梗，便沒有讀書焦慮的問題，大概與父母一心向佛有關，因此顯現在求學過程，我的策略便是讓孩子覺察自己的不專注（讀書時的分心），確認自己的目標，陪伴她建立紀律。

櫻桃梗也是熱愛攝影、繪畫、舞蹈與音樂，可見我任教的體制外學校的文化養成力量，她最後考上東海美術系，並且在大學探索出自己多方的藝術才華，她得過攝影獎項，開過畫展，當過街頭藝人，主動投遞設計方案獲錄取，學生生活極充實且富於創造力，目前就讀於東海美研所。當我這篇文章完成前夕，她與我分享過去對話的心得、最近心靈的深刻度，並告訴我剛從北京歸來，因為她設計的法藍瓷在北京進入決選，最後獲得第三名，繪畫也已經在幾個地方展覽。

註三：

與青少年對談，是一個看似簡單的方法，然而卻是最困難的一部分。一般大人太心急於要解決孩子問題，因此對談的過程，往往無法觸及孩子心中焦慮，無法真正幫孩子正視問題，就急於下指令要孩子達成目標，這樣的方式，是無法改變孩子的現狀，因此充分的對談，充分的理解孩子的內在，是幫助孩子訂下目標之前，最重要的一個儀式。

註四：

協助孩子建立紀律的過程，孩子大部分會回到慣性的軌道，這是很容易理解的過程，而且這個狀況會反覆出現。然而，大部分的人，在失去紀律之後，內心便深自毀恨，外在回到懶散慣性，提不起勁兒來，事實上只要他們重新落實，內心重新肯定自己，就會漸漸建構新的紀律。因此，大人必須要接納這個過程，以溫暖關懷的姿態協助孩子，肯定他們能夠維持一陣子的紀律，並且告訴他們起起伏伏，逐漸往上的紀律曲線，是正常情況。

註五：

我信中寫了關於愛與力量的語言。因為我和她一週僅見一次面，但信中的文字她卻可以經常閱讀。過去我在體制外中學教書，有一年的時間，我每週寫信給九個自己帶的孩子，孩子們都很期待收到我的信，也有助於我對孩子的正向整理，以及孩子們與「愛」、「價值」與「接納」等渴望的連結，包括山毛櫸以及附註一提到的蘿蔔泥與櫻桃梗。

註六：

有一些孩子因為特殊情況，瀕臨中輟或者中輟，比如本書中的阿桔，或者其他原因，比如

《沒有圍牆的學校》中的阿凱，則需要積極幫他們建立讀書之外的舞台。當然，有更多的孩子，是可以建立舞台與建立紀律同時進行。

當孩子學習成效不彰

數學成績較差的孩子，絕大部分都承認，不夠專心面對問題，然而如何專心？絕非大人耳提面命即可達成。

該如何處理呢？

我通常建議大人，花一點兒時間陪伴孩子，只要一點點時間就夠了。

在強調升學主義，不斷競爭的年代，大部分的師長與父母，常將目光放在孩子的學業成績，檢視孩子的學習成效。不論此舉是否允當，為了孩子擁有好成績，卻常見父母使用封閉的方法，封閉的思維面對，比如填鴨教育，而補習班則最常成為填鴨集中營。

當孩子成績優異，為了要維持好成績，送往補習班加強；當孩子成績不理想，為了成績不落人後，也送去補習班。

我不贊成孩子上補習班，因為我對補習教育印象不佳。這樣的意見，補習業者也許不會認同，但這只是泛泛之論，因為從我少年到中年，補習教育的內涵與教育方式，數十年如一日，鮮少改變。這是一個「願打」，一個「不願挨也難」的鏈結，父母在大環境下很難有所選擇。但我們可以問問孩子，補習真的有用嗎？答案恐怕不樂觀。這樣的說法也許有欠公允，因為我並未大規模調查，也沒有精確的資料統計，僅針對周遭補習的學生及教師訪談。但這個觀點，亦屬老生常談，學者、教養書與教育雜誌，經常可見相似論調，一般家長很難脫離箝制，尤其當孩子學習成效不彰時。

引導孩子意識問題

最有效的學習方式，是對自我的學習狀況有所覺察，**意識自己想要學好，而不僅是想要或是知道要學好而已**。但是補習教育，常讓學生有錯誤的依賴感，從無機會讓孩子意識到學習問題。

以數學為例，孩子的數學成績未臻理想，真正的原因為何呢？一般人皆從解題技巧下功夫，要學生一題一題演算，並且詳述如何解題，這也是大部分補習教師的工作。**但是對大部分的孩子而言，這並非最重要的課題，還有更核心的根源問題。**

問問數學老師，詳述完解題技巧，孩子是不是全都會演算了？

這個答案可能是否定的。

問老師原因，少部分學生是數理能力不佳，大部分學生不用心。答案如果是前者，有沒有更有效的方式引導？而不是告訴家長，來上課比空閒在家好。答案如果是後者，是否可以針對孩子的不用心，思考出解決的方式？

我以為教育的過程中，應教導孩子學會專心，但不是坊間推銷的速讀或者記憶訓練，而是簡單的覺察與意識方式。

問問學生，數學題算不出來的時候，會不會分心？數學成績好的孩子，絕大部分都努力運算，不斷思考。數學成績較差的孩子，**絕大部分都承認，不夠專心面對問題，然而如何專心？絕非大人耳提面命即可達成。**

該如何處理呢？

我通常建議大人，花一點兒時間陪伴孩子，只要一點點時間就夠了。

首先大人必須調整自己的心靈，以專注且真誠的語氣（註一），和孩子討論面對數學的態度，也請孩子深呼吸，專心面對此議題。

比如我常問孩子，是否真心想要學好數學。孩子通常點點頭，或者回答，「想啊！」

我會重新確認，你準備好認真面對了嗎？

有的孩子會說準備好了。

但是，大部分數學不好的孩子，聽到我問第二次，都會略顯遲疑，有如下的回答：可是我不會算、可是我天生數學就不行、可是我很討厭數學、可是我看到數學就沒耐性、可是我沒有數學細胞，看到數學我就害怕……

如果孩子說出這樣的話，那就表示孩子面臨真正的難題，並非解題技巧，而是面對數學的態度。大人聽到這樣的話語，也請不要輕易動怒或急於說服，因為孩子說出心中真正的想法，那就表示我們有了方向，該如何思索去掉阻礙的石頭。

我常跟孩子說，「沒關係，不管你的難題是什麼。我問的是，你真的想學好數學嗎？」絕大部分的孩子，會肯定答是，因為沒有孩子願意墮落。所以我要激起孩子正視這個問題的心靈，認真的面對，並承諾要認真。

當孩子答應專注面對數學，我們便可以探索，當他每次算數學，遇到困難時，他是如何應對的。煩躁？放棄？分心？還是其他？

我常常告訴孩子，生命總會遇到難題，重要的是使用什麼態度面對。正如同遇到數學難題，他是如何面對的？我期望他專注地作個鬥士，而且我設定的初期專注時間不會太長，目的在創造專注的經驗，扭轉面對數學的印象。

當一題數學不會演算，寫一篇作文卡住了，英文單字總是背不起來，他們是用什麼態度面對呢？是不是總在慣性中浪費時間，以為自己很努力了，卻一點兒也不積極努力？花了時間，卻沒有專注，豈不是冤大頭？我要幫助他們更有效率。

山毛櫸的難題

我在體制外中學教書，帶山毛櫸第三年時（註二），決定和他討論課業的問題。雖然我和山毛櫸感情甚好，但是他的課業學習幾近荒蕪，總是逃避學習責任，依然不進課堂，也從未認真面對功課。

有一天我和他聊及學校的生活，討論對前途有何願景。我順勢問他，都已經就讀高一了，數學程度竟然只有小學四年級，該如何是好。

山毛櫸無奈的說，「沒辦法啊！我對數學沒轍，百位數的乘法就算不出來了。」

情況怎麼會這麼糟糕呢？山毛櫸並不是笨蛋，數學怎麼會這麼差勁？我也不知道該怎麼辦。唯一能做的，大概就是陪他算數學吧！

我告訴他，「這樣下去也不是辦法啊！」

山毛櫸也說，「對呀！真不是辦法！」

他不想進課堂，因為聽不懂，進課堂只會更沮喪，不知道該如何是好。於是我邀請他，到我房裡算數學，讓我幫他，因為百位數乘法我肯定可以教他，當初我的想法很單純，只是想幫助他解題，並未想解決任何問題。

約定的時間到了，我要他先算幾題數學，再檢視他如何運算與思考。我便在一旁讀自己的書了。

想不到山毛櫸才坐定五分鐘，就拚命敲桌子，大聲地說，「阿建！我不會算啦！煩死了。」

我轉過頭看著他，沒去管他的數學題該怎麼演算，反而好奇他怎麼會這麼沒耐性。數學才算幾分鐘，還沒進入思考或摸索，就煩躁得像隻吃不到食物的猴子，如何能靜心思索？如何演算數學？

我好奇地問他，「咦？怎麼搞的？你遇到困難的時候，好像很沒耐性？」

山毛櫸一邊敲桌子，一邊回答，「對呀！我超沒耐性的！」

我思索了一下，回想他曾遭遇的各種狀況，把我的想法告訴他，「不是耶！我覺得你超有耐性，超不怕困難的。」

山毛櫸愣了一下說，「哪有？我超沒耐性的。」

「我記得你去攀岩，一旦落下來，還是不斷嘗試；你打鼓的時候，遇到打不好的節奏，你就不斷練習；打電動的時候沒有過關，你還不是很有耐性？」（註三）

山毛櫸說，「那不一樣好嗎？這是數學。」

「差別在哪裡？」

山毛櫸思索了一下，「因為我不喜歡數學，對數學不感興趣！」

我專注地問他，「問題是，你要不要認真面對數學？」

山毛櫸說，「我不知道。」

「如果你不知道，那我們所有的努力都徒勞無功，當你面對困難，而不想認真面對，很容易便逃避了，只是等待解答。如果你確定要認真面對，我會陪你，不用擔心做不做得到。我們只是做而已。」

山毛櫸煩躁的氣息減弱了，認真的對我說，「阿建，我好像是你說的這樣耶！那該怎麼辦？」

「每回算數學時，先深呼吸！告訴自己，專注運算與思考，把算數學當成攀岩和打鼓，如果還是不會算，至少已經盡力了，我再來幫助你，現在只要你試著專注十分鐘（Tip1）。但是你以前養成的習慣，一遇到不會算的題目就煩躁了，現在我要你建立新的習慣。」

我和山毛櫸感情很好，我們的對話讓他反省，這是專注對話的結果。僅僅一句話，他便意識到自己的處境，並且願意意識自己的專注力，投入數學功課，當天他成功算了幾題數學，相當興奮。

山毛櫸來我這兒算數學兩次，就再也不來了，因為他已經意識到要專注面對數學。他的數學能力漸漸有了進展，再來問我數學，我都要想個老半天，沒法子立刻給他回覆，他反而還告訴我，哪兒的觀念錯誤了，後來乾脆不問我了，轉而問數學老師張天安，因為他覺得我的數學能力太遜了。

僅僅兩年，他將數學進度趕上來，高二時已經通過高一的數學檢定。我常問他，「你的數學怎麼變得這麼厲害？」

山毛櫸都說，「不知道啊！」

山毛櫸上了大學，面對困難的數學統計，他都有耐性運算。甚至還得意的展示他的電腦設計作業，花了他十餘個小時，但同學們卻草草了事。

二〇一一年春天，我到他台北住處借宿，為了寫這一篇文章，和他確認二〇〇三年的往事，當年我們在房間討論數學的課題，為何談了話以後，他就突飛猛進。

他偏著頭思索，沒有答案，但他認真的說，「我只記得談過以後，就一直算下去了，我也不知道為什麼。」

Tip1：這裡是為他建立較小的目標，取得成就，再聚焦他達成小目標的經驗，進而慢慢擴大他的目標。

解決山毛櫸數學的難題，不是解題技巧，而是意識到自己如何面對數學。一旦有所覺察，意識算數學的存在狀態，便能有所突破。一旦突破，便能建立自信，建立新的學習慣性，這也是自主學習裡的一環。

櫻桃梗與小草的困境

帶領山毛櫸算數學之後，對探索孩子的學習狀態，我感覺很有趣。

我在《移動的學校》一書中，寫過櫻桃梗的故事，也對她的數學進度遲緩，感到好奇。我發現她每回算數學，一題數學算了兩小時，經常沒有進展，停留在原地。她總是說，「我已經很認真了啊！只是想不出來。」

但我發現，她算數學的過程，常是漫不經心：咬咬筆桿，左顧右盼，畫一張小圖，翻著書本前面後面的問題。這個現象，正是不專心的學習狀況，學習成效肯定事倍功半。

我很好奇地問她，「演算數學的時候，是不是會分心？想東想西？或者是恍神？」

櫻桃梗尷尬的笑說，「好像是耶！」

我發現她面對不會演算的數學題，內在就開始逃避，但理智告訴她，「要好好面對數學！」所以她會坐在書桌前「算」數學，表示自己很認真，其實早已經恍神到天邊而不自覺。

事實上，這是大部分學生遭遇的困境：無法專注學習，導致學習效率不佳。如此一來，他們花費再多的時間，只是消極敷衍，或者圖個心安，沒意識到自己的狀態。

但是櫻桃梗專注畫畫時，卻不會分心，投注大量的熱情。（Tip2）

我和她討論的是，「如何有效率演算數學？如何在不專心時，提醒自己專注？」

我邀請她覺察自己的狀態，意識自己算數學的過程，是否專注？或者正在分心？並且保持專注。當數學算不出來的時候，用心思索十分鐘，再來詢問老師，該如何演算，認真面對一題數學。（Tip3）

當她演算數學的感覺，還未進入完全投入狀態時，每次分配數學功課的時間不要過長，半小時或者四十分鐘就可以了，有助於收攝心神，專注以對。（Tip4）

此後櫻桃梗算數學比較專注，提升了效率。

與此同時，我還帶了另一位孩子小草，面對數學的狀況和櫻桃梗差不多，數學進度嚴重落後。小草算數學時，心靈並不投入，坐下一會兒時間，頻頻喝水、看手機、翻書、下樓或者發呆，很沒有效率，耗了大半時間，也算不了一題數學。

Tip2：這表示她有專心的能力。

Tip3：如同Tip1。

Tip4：當小目標達成之後，我不會太急躁的要她進度超前，或者增長時間，我會為她進行築底，建立自己的專注度與信念。

但是當我和她討論專心問題時，她都對我點點頭，看似專注，卻僅是慣性點點頭。當她詢問我數學問題，我發現她只是表面專心點頭，回應著，「嗯……嗯……」，內在卻飄忽游移，我要她重新演算時，她根本沒接收，怎麼回事呢？她是不是假裝「專心」，而其實「不專心」呢？我判斷這樣的情況，可能也是頭腦告訴自己專心了，但心裡無法專注的狀況。

為了釐清困惑，我將數學擺在一旁，核對我剛剛的觀察。

她眼眶立刻紅了，甚至說不出話來，我花了一點兒時間等待，才得知她一看到數學，心裡便充滿恐懼，無法進行思考，不能面對數學。

我知道發現問題根源了。

她的數學向來跟不上同儕，爸媽送她去補習班，為她請數學家教，都無法改善，她的內在充滿沮喪、挫折與恐懼。她相當恐懼數學，卻又無法不去面對，只有讓自己「努力專心」，內在早已「分心」。

因此我打算解除她的內在恐懼，才能讓她真正面對數學。我邀請她深呼吸，舒緩自己的情緒，並且接觸自己內在的恐懼，讓她將模糊的恐懼，從「**虛無的大，變成實在的小**」。

這句話的意思是，面對數學，可能會有恐懼，但心靈不要全被恐懼籠罩了，要讓出一點兒位置給勇氣。不會算數學，並沒有什麼大不了，不必太批判自己，頂多不會算而已。她將

「不會算數學」這件事，看得太嚴重了，反而阻礙了學習。我再核對「不會算數學時」，她有什麼感覺與想法。更進一步縮小她的恐懼，讓她即使和恐懼同在，也能繼續思考。**具體來說，我要她承認恐懼，縮小恐懼，勇敢與恐懼同在**（註四）。另一方面，我讓她嘗試更簡單的數學問題，建立演算數學的成就，藉此覺察恐懼並不干擾她。算數學沒什麼好怕的，擁有成功經驗，再核對她如何辦到的。漸漸地，她能專注面對了，恐懼偶爾仍會回來，但無形中間減少了。

有時候我講解算式，講到死胡同裡了，繞不出來，她還能反過來教導我，我意識到她真正地參與數學。當我意識到她的轉變，我便當個非常愚蠢的學生，每個演算細節都問她怎麼發展的。她有時和我一起思索，有時娓娓道來，逐漸擁有信心。（Tip5）

小草的父親有一次和我閒聊，很不好意思的對我說，「我女兒常常笑崇建老師數學不好，有時候比她還笨，還要她來教呢！很奇怪的是，她喜歡讓你教數學。因為數學老師教的時候，她反而聽不懂，而且很害怕；崇建老師教她數學時，她反而比較了解。」

我的數學能力並不好，所以需要講解的數學問題，不能太困難。但是這樣已經足夠了，因為大多數學不好的孩子，我教導他們的是「面對數學困難時的態度」。

Tip5：孩子從學習者，到教導者的角色，有助於他們思考問題，也有助於建立自信與內在價值，因此我通常扮演謙卑的學習者，而非「拷問」者，也讓孩子學習坦誠面對問題，因為大人也是這樣認真面對不會的問題。

水梨的心結

水梨是個聰明的女孩，媽媽來找我時，對其面對數學態度憂心忡忡。主因是她對數學這一科相當排斥，不屑為數學努力。每次考試成績出來，她的分數雖然不是頂尖，卻也並不差。

水梨的其他功課都屬頂尖，獨獨對數學的態度，令母親費解。

我認識水梨一年多，是她的作文老師，知道她是個自我要求甚高的女孩。她個性靦腆，且有一些彆扭，不喜歡被聚焦，但從她的眼神與行為看得出來，她更不想被忽略。

我詢問水梨媽媽，「她過去的數學也曾經頂尖吧？」

水梨媽媽驚訝的說，「你怎麼知道？她小五以前的數學，常考一百分，被老師稱讚。不知道為什麼升上小五以後，就變了一個人，談到數學就排斥，常常嚷著，絕對不會為數學考試做準備。」

我對水梨的狀況有了一個想像：水梨對自我的要求這麼高，數學的成績目前還差強人意，並非到了難堪的地步，她不可能放棄數學。若是這種情況持續到將來，數學落後到相當難堪的地步，那時候的水梨，才會有很大的機率完全放棄。

我對媽媽說，「她一定自己偷偷在算數學吧！只是妳不知道而已。」

媽媽思考了一下，恍然大悟說，「你這樣說，我想起來了。她真的是這樣，只是每次看到我進房裡，她就把數學收起來。她為什麼要這樣？我又沒有一定要求她的數學成績。」

像水梨這樣的孩子，為數不少，常出現在重視成績的中產階級家庭。但父母常覺得冤枉，自己又沒有特別重視，怎麼會這樣？有時是父母忽略了自己的期待，在言談中早已流露，而不自知；有時是孩子心靈敏銳，不想承擔「輸」，不想承認自己不夠好。因此無論過往成績多出色，只要一兩次成績考差了，孩子會出現洩氣的念頭，或者不想讓人看扁，而故意釋出不想認真的訊息。

這樣的現象，常發生在家庭或環境中，成人重視成績的態度。

比如考了好成績，就被父母師長稱讚，孩子維持一段時間，心理壓力太大，深怕自己無法滿足家人期待，因而放棄；或者一旦達不到預期成績，得不到讚許，就會產生如此現象。（註五）

該怎麼辦呢？**父母應養成孩子能贏、也允許輸的心態，因為競爭總有輸贏。當孩子成績好，不要為成績讚美；當成績不好，不要為成績責備孩子**。要孩子贏得寬闊，而不驕傲，輸掉一場比賽或考試，也能夠坦然面對，即使心靈難過、沮喪，都是正常現象。

父母常問我，該怎麼稱讚孩子呢？

稱讚孩子人格能成長的部分，也就是一個人真正有價值的部分，這是連結孩子的渴望層次。

比如稱讚孩子的認真，稱讚孩子的耐性，稱讚孩子未放棄，稱讚孩子能思考，稱讚孩子盡力，稱讚孩子有勇氣，稱讚孩子沒有完全放棄，稱讚孩子仍舊為自己努力了半小時……，這些才是正向且具有能量的語言，無論輸贏都能夠給予孩子正面幫助。

水梨並未找我問數學課題。

如果她來找我，我會先確認她的心結，是否真如我想像。我會為她心靈注入正向力量，對自我多一些接納，勇於面對挫折，我也會陪她一段面對挫折的時光，協助她認識真實，協助她有勇氣。如此一來，我相信她的數學，乃至於其他學科，才能勇於面對，走得真實而長久。

觀察孩子的問題

數學是我學生時代最頭疼的學科，成績相當不理想。如今重新面對數學，發現當我專注思索與演算，往往數學就不難了，這個心得是我帶孩子算數學時，觀察自己的變化而來。

數學是我最不拿手的學科，因此當我帶孩子算數學時，不是聚焦於解題技巧，而是孩子面對數學的態度，再從中推敲與思索改變孩子的可能。

我曾在《作文，就是寫故事》一書中，寫到我帶過甚多寫不出作文的學生，甚至被判定「學習障礙」的孩子寫作，至今未遇到任何一個孩子寫不出來的狀況。我切入作文的重點，也不是以寫作技巧帶領孩子，而是觀察孩子的問題，再以不同策略協助他們跨越問題，而非直接指向「寫作」成效。

當我面對孩子的問題，常常謹記薩提爾女士留下來的訓勉，「問題的本身不是問題，如何面對問題才是問題。」（註六）

因此當孩子學習有問題，或者是行為偏差，我常先靜心思考，觀察孩子真正的困難，再思索一般人應對的模式，是否達到效益？是否是我想解決的核心問題？再做決定。

我並且提醒自己，面對教育的問題，心態上要更謙卑，期待不要過於急迫，行為不要過於急躁。至於結果，我常常抱著最大的希望，但有最壞的打算去面對，盡力就可以了。

註一：

教育者或溝通者的語氣，常常為聆聽者帶來不一樣的感受。聲調的高低，語氣的緩急，也會為孩子帶來不一樣的結果。因此我常邀請父母與師長，先準備好自己，以舒緩且深度的呼吸為自己做準備，並且覺察自己深呼吸時，是否可以呼吸到最深？胸口是否有鬱悶？頭腦是否發脹？如果有的話，先尋找自己心裡被忽略的感受，急躁？悲傷？挫折？憤怒？沮喪？尷尬？再整理自己情緒，照顧自己內在，如實面對自己，則容易調整到真誠且專注的狀態。

我曾經帶過自己安排的特別班級，集合數個到十數個妥瑞症與過動症的孩子，我發現大人更真誠專注的狀態，對孩子的正向影響就更大。

我也常使用這樣的方式，幫助我的學生覺察，以及穩定情緒，進而專注。

註二：

即《沒有圍牆的學校》中的P，本書大半的主角都以植物命名。因此在這本書，將P的稱呼改為在高山富有生命力的山毛櫸。

註三：

我在進行教育講座時，常提到山毛櫸的狀況，主要是從孩子面對的狀況，尋找正向的資源。比如山毛櫸有不怕挫折的能力，但是顯現在攀岩、打鼓與打電動的時刻，因此我要將他的正向資源轉移到算數學上頭。這部分的思維，我最早是從麥克・懷特的敘事治療學習而來。

我學習到任何的事件，都有其正向的價值存在的觀念。

這部分觀念，當我學習薩提爾模式時，得到更大的收穫。薩提爾模式將心理治療擴大為成長取向的學習歷程，對於「改變」的觀點不是要「矯治」（correction），而是「轉化」（transformation），此點對我的教育觀念影響甚大。

註四：

寫到此處，我想起剛來寫作班上課的學生杜鵑，母親說她有學習障礙（我通常說：學習差異。）寫不出文章，我邀請她寫爛文章，第一次寫了兩行，第二次寫了一頁，第三次寫了一頁半，第四次的主題比較困難，她寫不出來。我邀請她大膽一點兒，但她不斷咬筆桿，翻著講義，看起來很認真，但我看出她內在的恐懼，她重新被過去的經驗困住了，恐懼阻礙她，我要她深呼吸，她眼眶紅了。我邀請她接觸內心的恐懼，並且與恐懼同在，這樣就可以專注，她便寫出文章了。因此恐懼，也是很多孩子遇到困難時，常見的阻礙。

註五：

我遇過很多資優生與跳級生，在作文領域常出現寫不出來的狀況，因為他們向來表現資優，超越同儕，因此不想「輸」，他們還沒學會面對挫折，與面對自我真實處境時的接納是不足的。

註六：

即家族治療大師Virginia Satir（美國最具影響力的首席家族治療大師，《uman Behavior》誌譽為每個人的家族治療大師）。我有幸在呂旭立文教基金會，跟隨其弟子貝曼博士（John Banmen）與葛莫莉（Maria Gomori）女士，修習薩提爾模式，對我人生影響甚巨。葛莫莉曾說，「為了要做出新選擇，我們必須先發現問題，了解我們學習的內容來自何處，理所當然的模式是如何發展出來的。」

卷四　溝通與自我

當孩子不符合期待

我和家長對談教育問題，常常沒有標準答案，只是幫助他們覺察。因為大多數的問題，父母靜下心來，就可以擁有新的思索，採取不同的策略面對，事情往往有了轉圜。

小羊是我兒時玩伴，我們住同一條巷弄，吃同一顆烤蕃薯，騎同一台腳踏車，穿同一條褲子長大。我們一起打鬧，一起調皮，一起被父母吼，一起經歷叛逆期，轉眼間我們認識超過三十年了。我目睹他人生波折風雨，幾番起落，常自嘲嘗盡人間滋味，雖然才過不惑之年，卻感嘆「而今聽雨僧廬下，鬢已星星也」。對人事似乎有一種「回首向來蕭瑟路，也無風雨也無晴」的理解。

小羊三十五歲那年有了孩子，升格當父親了。

縱使歷盡滄桑，一旦為人父母，便有了無限期待與關愛，從此在乎風雨，也期待天晴，無法坐在僧廬下，靜心聽雨，這是大部分為人父母者的寫照。

我曾見他對孩子充滿關愛，以大量的時間陪伴孩子：陪孩子寫功課、陪孩子打球、陪孩子玩牌、陪孩子看電影。小羊充滿愛與耐心，十足慈父的典型。

但是有一件事，小羊常無法克制地對孩子吼，那就是孩子咬指甲。孩子常不自覺地咬指甲，十指的指甲凹陷，怎麼制止都無效。

咬指甲顯然是不健康的行為，常導致牙齦被指甲弄傷，以及前排牙齒的咬合問題。

專家自有一套說法，「大部分的小朋友在缺少安全感的環境，以及感受到壓力的時候，咬指甲的次數會增加，咬指甲可以減輕他們焦慮、恐懼以及寂寞的感覺。」

小羊的孩子沒有情緒及行為的問題，但小羊的焦慮顯然更甚孩子，他忽略這樣的問題可以求診，詢問皮膚科及身心科醫師。

我忽然想起童年的時光，小羊經常不自覺地啃指甲，並且為此被他母親責罵。我印象中，他母親嚴詞詈罵也好，打他一頓也罷，始終改不了他咬指甲的習慣，反而更讓他焦慮不安。

如今小羊已為人父，忘記童年被責怪時的心靈，忘記嚴厲的責罵其實無效。若小羊有了覺察，他就能靜下心來，思索什麼樣的對應方式才是最上策，至少不會重複無效的管教模式。但遺憾的是，一般父母遇到熟悉的過往經驗，往往發展出慣性的應對模式，不自覺地被憤怒占據心靈，無法看清這個問題。

自從進入教育領域之後，我常覺得教育是一種自我覺察的過程。

很多教育的處境，都和自我的童年時光重新遭遇，都和自我的焦慮重新面對，比如調皮的山毛櫸，突然讓我遭遇自己調皮的童年，比如缺乏讀書紀律的柚子與蘆筍，讓我理解讀書時自我放棄的心靈。

無效的教育方法，靜心便知道

我和家長對談教育問題，常常沒有標準答案，只是幫助他們覺察。因為大多數的問題，父母靜下心來，就可以擁有新的思索，採取不同的策略面對，事情往往有了轉圜。

我剛剛開辦寫作班時，一群家長邀請我講座，幫助父母應對孩子的作文問題。我口沫橫飛講完兩個小時，照例家長提問，就孩子的學習情況交流意見。

一位焦慮的家長梅花舉手，「李老師，我家的孩子沒有作文的問題啦！但是算數學常不專心，怎麼辦？」

我詢問她，有沒有具體的事件，亦即當父母發現孩子的狀況，如何面對孩子的不專心。焦慮的母親梅花，陳述事件也滿滿焦慮：前幾天教小三的孩子算數學，孩子說都會了，結果考試成績出爐，只有九十六分而已，錯的那兩題，都是前一晚才教她。

現場的其他家長都笑了，我猜測家長們笑的原因，是九十六分夠高了，還有家長笑說孩子的成績七十分，自己卻從不在意（Tip1）。面對這樣的情況，教育專家常從理念入手，邀請家長不要過度重視成績，但焦慮是心理感受，牽涉到價值觀、過往經驗與複雜的心靈狀態，有時頭腦很難控制。

這是為何單從理念說服，家長很難完全改變的原因。

我邀請梅花把我當孩子，重現如何和孩子討論不用心的狀況。

梅花一開始不大好意思呈現，但隨著我的引導，開始對我厲聲責備，**指責我的粗心，指責我的不認真，指責我怎麼都學不會專注，簡單的數學題目還會失誤，錯的那兩題根本不應該錯……**

梅花說完，搖搖頭嘆口氣說，「每次我這樣講，都沒有用啊！」

我聆聽她重現的教訓之後，問梅花，「那妳想知道該怎麼做嗎？」

梅花點頭表示當然，可見她多麼認真想學習。

這回我將角色互換，邀請梅花當孩子，換我當父母，請梅花學習怎麼面對。

當梅花坐定之後，我邀請她進入小孩的心靈，一個數學剛考九十六分的小女孩，回家有什麼樣的心情，會怎麼面對父母。

梅花演了女兒考完試的神情，還有點兒得意之色。

隨後，我嚴肅的叫一聲孩子的名字。

Tip1：有些家長會說「不在意功課」，但我會深入核對。因為「不在意功課」常是家長在理智上告訴自己，但心裡卻很在意，只是家長並不清楚。我的經驗是，若不和家長核對，就無法觸及家長心中的焦慮，只會在周邊問題打轉了，但核對這樣的問題時，應避免使用質問或批判的語氣，那會讓核心問題越離越遠。

梅花應了一聲，我便將梅花剛剛的責備，一股腦兒全還給她了。**我指責她的粗心，指責她的不認真，指責她怎麼都學不會專注，簡單的數學題目還會失誤，錯的那兩題根本不應該錯……**（Tip2）

只見梅花神情恍惚，臉色難堪，尷尬不已。

我問梅花，以剛剛一個孩子的角色，有什麼樣的感覺？這樣責備有沒有效用？

梅花搖搖頭，坦承自己感覺很挫折，如果是孩子，就不想再學習了。

梅花告訴我，「那我該怎麼做？以前我爸媽也是這樣教的呀！」

以前父母這樣教，不代表那是正確的，也不代表適合這個時代，或適合自己的孩子。

我問梅花，以前父母這樣的態度，對梅花有沒有幫助。梅花立刻搖搖頭說，「我父母不管我啦！可是一遇到老師罵我功課不好，我就好想逃，覺得自己很笨。」

我隨後教導梅花該怎麼鼓勵孩子，並告訴她，只是呈現一味的厲聲責備，對她的孩子可能沒有幫助。

當我和梅花的對話告一段落，我注意到人群中有位家長泣不成聲，我在此稱她蘭花。發生什麼事呢？

蘭花啜泣的說，「我的孩子已經國三了，她就是一直被我這樣對待，我忽然感覺她好痛苦！」

長久以來，蘭花以疾言厲色的方式，管教孩子的功課。

她發現孩子不只未長進，反而日益叛逆，越來越不在乎功課，和她的感情也日益疏離。

當我和梅花角色扮演時，觀眾席的蘭花，突然回到學生時代，所有的恐懼與焦慮都重回心頭，意識到自己多年的管教，可能是從未覺察的錯誤，因而悲從中來。

事實上不只功課如此，生活習慣也是如此。

那一天的家長席中，還有一位家長提出問題，我在此稱她小竹。「我的女兒沒有課業的問題啦！我對她都很寬鬆。可是大女兒每天早晨起床，都要發呆二十分鐘，無論怎麼管教，怎麼罵，都沒有用，這樣該怎麼辦？」

我聽著小竹的問題，突然福至心靈，好奇的問她，「妳有沒有覺得，妳女兒的情況很熟悉？」

小竹笑了一下，「好像有耶！」

「妳在哪兒看過？」我繼續詢問。

小竹笑得很靦腆，「我小時候也是這樣啦！起床以後都會憨神、憨神，發呆好久才清醒。」

所有的家長都笑了。

「我很好奇，那妳媽媽怎麼說？」

小竹很不好意思的說，「也是罵我啊！跟我罵女兒一樣。」

Tip2：談論教育問題時，使用體驗的方法，來進行教育的辯證，會比專談理念還要更有效率。

「那有沒有用呢？」我問小竹。

「也是一點兒用都沒有啊！」小竹笑得很大聲。

是呀！我們常常一再重複沒有用的方法，這些沒有用的教育方式，常常在自身經驗中一覺察，就可以見端倪，但我們鮮少重新思考如何對應。

當我們有了覺察，意識到自己要改變，通常問題就不難解決了。

每當我從事作文講座，或者教育座談，這一類問題經常出現，答案常常不言自明。這些家長遇到的問題，和小羊的遭遇類似，但都一再重複相同的應對方式，卻未覺察自己的生命歷程，未靜下心來重新思索問題，只是被慣性應對帶著走，問題就永遠是問題，很難找到解決方案。

昆布的難題

昆布是個聰慧，但有點兒憂鬱的小女孩，從小學五年級開始來上作文課，便展現絕佳的文筆，得過縣市政府舉辦的文學獎。她的散文表達，就像成人一樣成熟。

上了國中的昆布，對學校的人群有點兒恐懼，對學校功課倍感沉重，開始抗拒上學。在重重壓力下，昆布還沒有調適過來，罹患了憂鬱症，因此同時求助精神科醫師與諮商師。

昆布是個豐富的孩子，她的故事很長，這裡僅擷取一小部分，和這個單元有關的主題。

昆布和母親的關係有一點兒緊張，常為了生活作息與功課，鬧得不太愉快。昆布的母親聰明且善於照顧人，非常關愛孩子，因此對於昆布的狀況，感到納悶不解。因為小康的家庭中，氣氛堪稱和諧，先生是殷實的上班族，自己則是家庭主婦，孩子怎麼會這樣呢？

教育的問題，很難有標準答案，有時候看似最健康的家庭，也會有最棘手的教育問題出現。

昆布怎麼會這樣呢？她的憂鬱，是先天的？還是後天的？我對這個答案不感興趣。如前所述，我所認識的昆布，是個豐富且敏感的女孩，似乎渴望關愛，又懼怕親密。怎麼說呢？每回昆布看見我，總是很熱情的跑過來，張開雙臂將我摟住，但舉止隨即冷淡又疏離，讓我印象深刻。

但昆布這樣子的反應很多年了，她國小六年級時，曾找我談些學校的困擾，她雖然眼淚漣漣，我並未深入探究。因為我只是她的國語文老師，尚未和她的內在有更深刻的互動。直到她母親來找我，詢問該怎麼幫助昆布，使她擁有更積極向上的動力，我才邀請昆布來和我對談。

在本書講紀律的文章中，**我提到在紀律養成之前，我都先讓孩子感受到深層的關懷，作為底層的力量，才逐步踏實地建構紀律。**

昆布憂傷的提到，母親聲調刺耳，母親的期待對她產生很大壓力，母親的回應總是讓人不舒服，還有母親對她的言行。昆布告訴我，她每天使用百分之四十五以上的力量，在對抗母親，為什麼呢？昆布停頓了一陣時間，伏在桌上深深啜泣，「**因為媽媽不知道我有多愛**

她！」

我和昆布對話的細節，在此便不多談。

那一次對話的末了，我邀請昆布，將百分之四十五的反抗，縮減為百分之二十，但多一些力量用於覺察，覺察母親是否會改變，覺察母親更深層的意思。昆布笑了，點點頭答應我，因為我沒要她別對抗母親，還要她保留百分之二十來對抗（Tip3）。

我問昆布，我們的對談，有多少可以透露給母親知道。

昆布擁有真誠且寬闊的內在，與想要和母親連結的勇氣。她表示沒有不可以說的部分。

於是我向母親陳述：**昆布深深的啜泣，「媽媽不知道我有多愛她？」**

母親頓時紅了眼眶，淚水不斷滑落，「為什麼她要選擇這麼折磨的方式？」（Tip4）

我詢問母親，小時候曾經對父母表達愛嗎？

母親點點頭，淚流不止，彷彿回到童年，呈現出一位天真且渴望愛的女兒模樣，「每逢重要的日子，我會挑一本喜歡的書，買一張很漂亮的卡片，寫上我想說的話，送給我媽媽，或是在媽媽生日的時候，跳一支舞，讓我媽開心。」

媽媽怎麼回應呢？

昆布的媽說，「但是媽媽的回應，總是帶著揶揄的語氣。」

我問昆布媽，「妳喜歡那樣的回應嗎？」

昆布媽回答得很快速，「當然不喜歡。」

我隨後問她，昆布曾向她表達愛嗎？昆布媽先搖搖頭，但漸漸從記憶中抽絲剝繭，點點頭說，「有。」

昆布媽怎麼回應昆布呢？

昆布媽的覺察能力極強，她立刻苦笑說，「我好像也是帶著揶揄的語氣，去回應昆布。」昆布媽不喜歡父母以揶揄的方式回應，此時也覺察到自己回應的方式並不恰當，但長久以來並未覺察，僅是以慣性應對昆布。

那一次的對話，也不及在此細細寫出，細節我記不清，只記得邀請昆布媽，回家操作一些簡單的儀式，去照顧童年的自己，去感覺愛的流動。（註一）

昆布的媽媽不僅具有洞察力，也決心改變自己的應對方式。

隔週我和昆布核對，她有覺察出媽媽的變化嗎？昆布點點頭，表示母親還是很惹人厭，但明顯感覺母親的改變。

我邀請昆布正視母親有誠意改變，但不可能一次做好，並詢問昆布是否能等待。昆布點點頭。

Tip3：聽到孩子對抗父母，教育者常慣性教導孩子不要對抗，有人會曉以大義，教之以孝道，在這個時代，孩子並不缺乏這種聲音。我邀請昆布縮減對抗比例，只是個比喻，意思是有意識的邀請她放下對抗，多一些互動覺察，便不會陷入慣性應對。另外，我邀請她保留反抗，也是一種對她的接納。

Tip4：和昆布媽分享這句話，事前經過昆布同意，也是讓母女倆的渴望深深連結。我再來探索阻礙她們之間的，究竟是什麼東西，便容易釐清改變的方式。

接著在和昆布的對話中，我告訴昆布一個小女孩的故事。那位小女孩，年紀比她還小，用心挑選一本書，花一晚上寫卡片，跳一支舞獻給媽媽，卻得到母親揶揄的回應。

昆布對這個小女孩充滿憐惜。

我隨後告訴她，「這個小女孩是妳媽媽。」

我從昆布的眼神，看到了某種複雜的表情。

那天的談話之後，昆布做了一個決定：要對媽媽表達愛，並且告訴媽媽，她看到媽媽的改變，她想表達自己的正向感受。

我重新確認昆布的意願，澄清她的內在狀態，並為這個意願下了承諾。

我邀請她表達時，先深呼吸幾次，讓自己情緒沉澱，維持專注且誠懇的內在與語調，示範一次給她看，並確認這是適合她的方式嗎？（Tip5）昆布肯定的點點頭。

昆布選了一個週末，在父母的房門外徘徊甚久，最後鼓起勇氣，把媽媽叫出來。

昆布給媽媽一個深深的擁抱，將心裡的愛吐露出來，並且告訴媽媽，看到她的改變。

昆布抱完母親，說出心裡所感所想，很不好意思的跑回房間裡了。

昆布跑回房裡的舉措，使我想起一位相熟的文友徐國能，曾在散文裡寫下一句饒有興味的話，讓我印象深刻，「在溫暖得活不下去的午後……」

為何溫暖的午後，卻活不下去呢？因為長久以來，將自己浸泡在冰冷、孤獨的水域，溫暖反而讓人感到窒息，既不想待在冰冷的異境，又不適應溫暖的氣息，正是渴望愛，卻又害怕愛……

由此可見，昆布使用多大的力量，去和母親連結，改變現狀。

我為昆布母女的勇氣與連結，有著深深的感動。

重新思考，並且經驗對應孩子的舉措，就知道此刻的教育方式，是否得宜。當靜心之後，有了覺察，進而意識到改變的必要，教育問題往往不會那麼複雜了。

寫這篇文章時，距離我和昆布初次深談，僅僅一個月的時間。

此刻的昆布，看起來比較有力量，生活作息也努力改變，當然她還有一段路需要走，會起起伏伏呈現，但我們的目標與方向都比較清楚了。我因此詢問昆布，是否將她和母親互動的一點兒故事，化作文字，記錄她們努力的軌跡，看看自己寫下的人生腳本，為自己獻上喝采與鼓勵，也提醒父母們，可以用什麼樣的方式和子女相處。得到昆布的首肯，於是有了這一篇文章的誕生。

值得一提的是，她原本用海帶當暱稱，但我覺得昆布似乎更美麗貼切一點兒，她從善如流，採納了我的意見。

Tip5：當孩子願意表達心中感想，我會確認這是不是他想要的，並且好奇他會如何表達。如果他不知道，我會教導表達的語言，並且核對是否準確，是否適合，才能具體落實改變。

昆布的回饋

魔法昆布的魔力！

不管何時何地在何方，我總認為自己是孤單一個人。沒有足夠了解我的朋友，總是有著代溝的父母，以及根本就幫不上忙的導師。

我曾經試著跟大家溝通，卻發現不管是跟誰都一樣，沒有任何人能理解我說的話，所以我輕易放棄了與他人的溝通。跟同學，話題只限於對方；導師，限於課業；父母，限於他們希望我說出的話。

曾經我恨透了待在家裡或學校，因為不管哪邊，對我來說都是酷刑。學校既單調又無趣——我從不曾認為那些同學的話題有趣。至於家裡，有的不過就是印象中一直嘮叨的奶奶，媽媽急躁、無措、擔心、恐懼、害怕的尖叫聲而已。

這種地方有什麼好待的？

那時候也沒空去管學業，或者健康什麼的了。反正我覺得也沒人在乎這種瑣碎小事。就算昆布壓力很大又如何？就算昆布做出了瘋子似的行為，又能怎麼辦？就算昆布快要變成昆布乾了，又怎麼樣？說出來能改變什麼嗎？有誰會聽嗎？

沒有。

所以，維持昆布神采奕奕的魔法就不見了。我每天躲在海底，用水淹沒海藻堆，反正我就是條沒用的昆布，一點點壓力都撐不過來，放著給魚吃，搞不好魚還嫌我臭掉，不要我。

之後又因為各種原因，我又再次與崇建談話。

那時候與母親的溝通，一直是我生活中的一大障礙。我完全忍受不了她離不開我，甚至認為我們是一體的狀態，這讓我有嚴重的被支配感。

還有她認為我們家的教育方式，已經比一般家庭開放，為什麼昆布還會拒學。還有她幾乎是遇到我的一點點小問題，就會崩潰的脆弱神經，這讓我時時刻刻得在意說出來的這句話，她會不會等等又在大街上默默流淚？

說實在話，我跟我的媽媽很親近，我不否認我很愛她，也很黏她這個事實。

但是她好像始終把我要表達的「愛」，努力曲解成別的東西。其實就是那句話，「愛不等於了解。」她說她很愛我，但我幾乎要對她吼回去，「妳他媽的不要拿這個，來當作我跟妳溝通不良的藉口。」

我們溝通不良就是溝通不良，沒有什麼因為「我愛你」，就能讓這些行為被解釋。即使理智上能夠得到原諒，情感上也會有嚴重的被敷衍感。

總覺得每次講到重要的事情，我媽就會哭。

然後她嚎啕大哭就算了，不要默默流淚，我會良心不安啊！好像我欺負她似的。

所以我很討厭跟我媽說話。最後的情況，是糟糕到連日常交流，我都懶得理她。

將這些情況告訴崇建之後，還記得他看著我的眼睛，握著我的手，那是一種很久、很久沒有感受到，叫做「溫暖」的東西。

從以前開始，他的那張臉總讓我很想哭。說實話崇建長得很「愛國」，但是跟誰都不會，跟他說話我就特想哭。這讓我每回都很對不起，那些剛拆封又消亡的衛生紙。

記得有一次我哭了很久。我也已經有很長一段時間，沒有這麼哭過了。我總認為只有受傷才能哭，所以我特別怕痛，為的就是說服自己可以哭得更用力。從來沒有人告訴過我，感覺到難過的時候，是可以哭的。

認識崇建算起來也快五年了，他說他可以當我的「教父」，但我覺得他其實可以算我半個爹。在幫忙我解決我和母親之間的問題時，他做了很多，我覺得他真的做了很多。所以我也很努力，很努力的在改善，我跟媽媽之間的關係。

除非是自己想要改變，不然沒有任何人可以幫助你，因為魔法是由自己施展的，並非由他人。我知道他之所以幫我，全都是因為我求救了，是因為我想改變，但是不知道該如何做起，所以他願意擔任陪伴的角色，一直在我需要的時候陪伴著我。

我說不出謝謝，因為這兩個字，不足以表達我想說的話。我只是——只是很感謝那個，不管是上帝也好、宇宙也好的那個東西，謝謝你讓我，在有限的生命中能夠遇見改變我的人，讓我不必帶著看不清事實的眼睛，結束這其實繁華多彩的生命。

崇建，我在這裡，由衷的感謝你。

註一：這裡我使用簡單的技巧，邀請昆布媽睡前深呼吸，試著靜下心來，對童年的自己說說話，這是我在諮商領域學習的簡單操作方式，亦即和自己的「渴望」層次連結。

當孩子的表現讓我們沮喪

在這本書中，可以看到很多深深自責的案例，除了父母、教師，孩子也深受自責所苦。如果自責有使人往前的動力，也就罷了，我所看見的自責，往往呈現一種困境，忽略了自身的價值，只是在情緒中打轉，教育的現況並不會好轉，反而削弱了個人的力量。

阿桔擁有原住民血統，是個帥氣的國中生，和當紅的情歌王子Bruno Mars長相彷彿，甚至更為英俊，但阿桔的求學之路，讓父母親傷透腦筋，也傷透了心。

阿桔就讀國小時住在花蓮，是個天真爛漫的小孩，常迎著風吹口哨，騎著單車在田野間奔馳。他負責且乖巧，在家中常幫忙家事，在學校是聽話的孩子，老師和同學都非常喜歡他，他最大的夢想是打大聯盟，成為棒球選手。

國小畢業前，阿桔父母搬到西部城市居住，阿桔因為對棒球有興趣，越區到擁有棒球隊的國中就讀。上了國中的阿桔，功課並不出色，學校的棒球隊一年後又排除他了，阿桔在學校變得沒有重心，雖然大錯不犯，卻也小錯不斷，成了教師眼中的問題學生。

學校棒球隊既然不讓他加入，阿桔越區就讀的必要性就沒了，學校老師期望阿桔回原學區就讀，也可脫離一群有狀況的同學，重新開始。

阿桔媽媽平常辛苦工作，是個虔誠的基督徒，為了家計四處打工，也配合學校管教，一旦收到學校指示，心中苦痛可想而知，除了語重心長的教誨阿桔，更日夜祈禱，期待兒子能夠懂事向學。

阿桔轉回原學區前夕，媽媽祈求耶穌，給予兒子一個好老師，帶領阿桔上進。

也許日有所思，夜有所夢。也許虔誠的祈禱，給了阿桔媽一個夢境。夢裡，耶穌給媽媽一位老師的圖像。阿桔媽媽心中喜悅，帶著無限盼望，轉到新學校，媽媽立刻尋找這個圖像，卻沒有一位老師和夢境符合。耶穌不久又再度降臨夢裡，告訴阿桔媽媽，要耐心等待，快出現了。

轉學後的阿桔，功課似乎更落後了。一日數學考試，阿桔不會寫，索性趴在桌子上休息。這個舉動激怒了數學老師，認為阿桔不肯長進，疾言厲色數落阿桔一頓，要他去外頭罰站。

這一次，阿桔不僅走出課堂，也跨出學校，三天三夜沒有回家。

我服務的協會和阿桔學校有合作關係，每週志工們會到學校，帶領需要關懷的孩子，上一堂有別於學校學習的課程。志工發現阿桔蹺學、蹺家了，邀請媽媽到協會尋求支持，舒緩心靈，也可以思索面對孩子的方式。

阿桔媽無助地來到協會，向協會的輔導老師瑤華請教，不知該如何是好。彼時我正巧下樓，瑤華粗略介紹一下彼此。她眼淚還來不及擦乾，便趨前問我，「可不可以和你單獨談話？」

她小心地說，「李老師，我有一句話，說出來你不要害怕。」

我點點頭。

她說，「李老師，是耶穌叫我來找你的。」

她陳述阿桔求學的過程，說了找我單獨談話的原委，耶穌在夢裡給她的圖像，是我的樣貌。

我不是基督徒，因此沒有特別感覺，更不覺得害怕，因為我並不相信，也沒有不相信。

我告訴阿桔媽媽，「妳的主怎麼說，那我們就怎麼做吧！請妳將阿桔帶來，如果他願意的話，我看看可以如何協助？但是我認為他一定還會再蹺家。」（Tip1）

「為什麼呢？」阿桔媽有點兒驚訝，大概以為找到救世主派來的老師，一切問題都解決了。

「他蹺家不是一兩次了，這是慣性。慣性不會這麼快就改變，我們努力看看吧！」

阿桔媽頓時難過的流淚，「為什麼他要這樣子？」

「我也不知道，不過你們是原住民，在漢人社會裡面生存，本來就會遭遇比較大的困難。」

阿桔媽聽我這樣說，更是悲從中來，問我，「這和我們家庭沒有關係嗎？」

「我不知道有沒有關係？不過，你們家庭有特別的狀況嗎？」

阿桔媽媽搖搖頭，「我也不知道，爸爸也很愛孩子，只是為了工作，每天都在外面開卡車，開到很晚才回家。我到處打工，有時候洗碗，有時候在火鍋店幫忙，也沒有時間管他們。」

經過談話我才知道，阿桔家中還有兩個哥哥，二哥從小腎萎縮，每週必須洗腎，還在等待換腎的機會。

大哥已經在高中半工半讀了，但是工作也不穩定，只有爸爸一個月有三萬元固定收入。這也難怪阿桔功課遇到不順遂時，每天都想著出去打工，但國二學生怎麼找得到好工作呢？

阿桔來談話時，說話不多，是個沉默的少年，對於我的問題，他往往回答極少。但他覺得學校老師不喜歡他，功課繁重讓人不舒服。

我所屬的協會下設一個自學團體，協助自學家庭組織一個共學平台，聘請了各科教師教學。瑤華老師和我商量，假使阿桔不喜歡上學，不如和學校協議，以每週請假兩天的方式，到共學平台上課。

這個提議受到阿桔與媽媽的同意，共學團體裡的成員也欣然接受。

Tip1：要改變孩子的慣性行為，我往往「懷抱最大的希望，但有最壞的打算。」使自己心中抱持最大熱誠，不至於因孩子回到慣性，或未掙脫慣性，便感到沮喪，使自己能夠靜心看見孩子的正向轉變。

阿桔因此成了共學團體的一員。

我知道阿桔家庭經濟拮据，又常常聯絡不到人，於是將一支舊手機送他，幫他申辦了預付卡的門號，方便和他聯繫。另一方面將朋友原先送我的舊衣轉送給他，也少一筆購衣的開銷。（Tip2）

我在共學團體裡擔任中文教師，阿桔上課時安靜淡定，不常發表意見。一同共學的孩子，倒是很歡迎他的加入，彼此互動雖不頻繁，卻一團和氣。

但是阿桔自有生活圈，幾週以後，他開始蹺課，回到熟悉的圈子裡。經常一早他出門，告知媽媽來上學，搭上迷路的公車，迷失在城市一端，不見蹤影，電話也不接，原來老毛病犯了——蹺學，不久後又蹺家了。

我和阿桔一兩週進行一次談話，阿桔依舊話不多，表示自己很想回到第一所中學的生活圈，和朋友聊天、上網咖，幫朋友賣水果，但國中是義務教育，他得遵守義務，那是他的責任，因此他向我許下承諾，不再蹺家、蹺學，但他答應我，當心裡煩躁或者無助時，來找我談話。

阿桔的承諾維持不久，旋即被打破了，我在課堂上也不一定看見他的身影，更看不到他來找我。

與此同時，阿桔的爸爸來表達感謝之意，也一起想方設法，看看在家庭教育中可以給予什麼支持，改善他蹺課的習慣。

但是阿桔有時一晚沒歸家，我一早六點鐘接到阿桔爸爸電話，他父母親既無奈又無助，我僅能在電話中給予他們力量。有一次學校來了通知，竟是阿桔回校偷走八百元的班費，被同學看見了，校方因此報警處理，阿桔也嚇得不敢回家。

我趕到學校時，員警也在現場做筆錄。我詢問員警，阿桔可能面臨的處罰與未來。熱心的員警除了具體分析，也在現場教導老師與媽媽，該如何和青少年相處。為了不讓阿桔留有前科，讓處境變得更艱難與複雜，我懇請教師撤銷報案，但為讓阿桔學會負責，我提議阿桔必須每週到警察局勞役，我會隨時配合員警的管教與制約，並詢問員警與教師此舉是否可行。（Tip3）

學校教師雖然憂慮，如此是否為最佳舉措，最終仍接受我的提議。員警更是熱心地安排，讓阿桔下課後到警察局寫功課，員警會給予他學習的機會。

阿桔逃家，在公園與網咖待了三天之後，終於歸家了。隨後他到警察局報到，進行一個月的「課後輔導」。此後，阿桔雖然暫時沒有蹺家，但共學課程仍是有一搭沒一搭的上著。

Tip2：手機是我在大陸旅行時購買，方便在大陸使用的山寨機，回台灣之後，便無須使用了；舊衣則是朋友小羊固定淘汰的舊衣服，送給我穿用，我想和阿桔分享，他也很樂意。我將這些東西和他分享，一則是可以為他省錢，也方便家人聯絡他，一則希望藉此教導他簡樸的價值觀。

Tip3：期望老師撤銷報案，是不想讓阿桔留下紀錄，給予他重新的機會，但阿桔要為其行為負責，因此我懇求員警，是否能請阿桔到警察局勞動服務，藉此讓阿桔有所體悟，想不到員警設想得更周到，願意付出更多心力，讓我深深感激。

阿桔爸爸某日深夜打電話來，語氣斷續且停且頓，言語中對阿桔的情況無奈且灰心。他說到傷心處，告訴我，「我太太都不敢打電話給您了。」

經我一問，才知道阿桔媽媽覺得很丟臉，沒有將孩子帶好，感到深深的自責與愧疚。

阿桔爸爸的聲音，此時停住了，他哽咽的問我，「你覺不覺得，我不是個好爸爸？」

「怎麼說呢？」我問他。

「因為我沒有把孩子教好。」聽阿桔爸爸的聲音，大概在電話那一頭落淚了。

我知道阿桔爸爸的無奈，也深知父母親難為。

想當年我母親離家之後，父親隻手帶著我們四個孩子，孩子不僅功課不好，還在外頭打電動玩具，傷透了他的心，感到未來無望，只能獨自在棉被裡落淚，只是我年少時期從不知道父親傷心無助，只看到父親擁有過人的精力，督促我們向上。

自從我深入教育，帶了一個又一個處境堪慮的孩子之後，我也曾嘗過心力交瘁的滋味，如椎心刺骨的痛楚。直到這幾年，才知如何調整自我，正視自己內在的價值，能以更緩慢的心靈，更大的視野來看孩子的成長，教育之路才走得比較沉穩，也坦然接受自己力有未逮之處，唯有盡力而已。

我問阿桔爸爸，「你也認為我不是個好老師嗎？」

阿桔爸爸語氣瞬間變化，「阿建老師，你當然是好老師！」

「我很好奇，阿桔也沒有完全變好啊！何況照阿桔媽媽的說法，我是耶穌派來給阿桔的老師，但我也沒教好他，不是更應該被責怪？」

阿桔的爸爸一時語塞，隨後解釋，「阿建老師幫了阿桔很多忙，我們都很感謝。」

我向阿桔爸爸說，「孩子的發展，我們很難估量，只有盡力而已。我認為你們是很認真的父母，從未放棄，找了很多資源幫助他，還經常打電話問我，這樣的父母已經盡力，我們還會繼續努力就好了。」

電話那頭的阿桔爸爸，似乎聽進去我的話，語氣比較舒緩，談話的方向轉而對阿桔的教育觀念。

不只是阿桔爸媽，在這本書中，可以看到很多深深自責的案例，除了父母、教師，孩子也深受自責所苦。如果自責有使人往前的動力，也就罷了，我所看見的自責，往往呈現一種困境，忽略了自身的價值，只是在情緒中打轉，教育的現況並不會好轉，反而削弱了個人的力量。

關於阿桔的發展，有趣的是：在我父親車禍之後，我辭去共學團體中文教師職務，換了一位新老師授課，阿桔的到課率增加，整體狀況也比較趨於穩定了。

我認為他的轉變，和我沒有太大的關係，是新教師的努力，也可能是自然發展的過程。

有一日我搭高鐵，到北部參加教育講座，回程收到參與阿桔成長甚深，也是共學團體家長，主婦聯盟副董事長陳裕琪的簡訊，「今天我幫阿桔打學習報告，發現一段感人文字『……解釋中文，他還會叫我不要害羞，說這樣才會進步。同學也說不要害羞，講錯沒關係，我們不會笑你。那時候我的眼眶都濕了，後來下課的時候，阿建老師說不用說沒關係，但是要把翻譯寫出來。我覺得這樣的老師還沒有放棄我，很像多了一個爸爸一樣，一直在教我怎樣表達問題。』……」

阿桔提到的場景，我依稀有印象，但當時並不知道他眼眶濡濕，我也不知道一向沉默的阿桔，心裡在想什麼。看著裕琪傳來的簡訊回饋，我心裡很感動，心想：身為教育者的父母與師長，即使很努力教育孩子，也不一定看得見孩子具體成長，那麼**教育者給予的是什麼呢？我以為是在孩子的心靈，種下一顆種子**。即使我們看不到種子發芽，等不到樹木長成，只要這些孩子能真正感受大人的關懷與愛，就是一種珍貴的資產了。

因此我常在心中告訴自己，教育者要謙卑，要覺察，但不要自責，其餘盡力而已。

■參與共學團體與阿桔成長的家長陳裕琪，看完文章的回饋：

第一次看到阿桔，感覺他長得很像以一曲〈Just The Way You Are〉走紅的美國年輕偶像歌手Bruno·Mars。我想與他「裝熟」（我一向和這群自學團的孩子挺熟絡的），於是，（就很白目地）去摸摸他的頭。沒想到，他唰一下閃躲開來，我也嚇了一跳，場面有些尷尬；還好博霖幫我「解圍」，「媽，你弄亂了他的頭髮。」喔，「阿桔，對不起，我沒注意到你漂亮的髮型哩！」我不好意思地說。

接下來，幾次遇上他，他很少言，甚至我感覺他帶著些許對人防衛的眼神。他正式加入共學團之後（雖然未辦理正式的在家教育申請，但崇建已經向學校擔保他會和這裡的孩子共同學習，並接受正式老師的教導），一開始，他會和其他人一樣參與每一堂課，但有時他整堂課不發一語，即便老師提出問題；後來，他會在課堂尚在進行中就離開。漸漸地，他乾脆不上課（除了崇建的課）。為了排解，他無所事事地「遊晃」，協會老師給他一台電腦，選幾部影片給他看。上午他看一部電影，午餐時間一溜煙不見，從不和同學一塊用餐，下午，有時他回來再用電腦看影片，有時他不再出現。

阿桔的爸媽還是時常為不告離家的兒子憂心著，有時一兩天、有時更長；因為與同學互動不多，同學們也慢慢見怪不怪了。

我原先以為，阿桔的叛逆除了有許多不愉快的就學經驗，家庭功能不全也許是原因之一。所以，當我見到阿桔的母親（一位阿美族近五十歲的婦人），卻被她泰然自若，充滿喜樂的表情懾住了。一個每日半天在托兒所當兼職清潔工，另外的時間得試著尋找時薪制的餐廳臨時工，這樣辛苦工作，方能換取一家溫飽的婦人（阿桔父親為卡車司機），當她談起青少年的兒子，也聽著幾位有著同樣年紀孩子的母親彼此間的焦慮不安。「孩子一定有他的原因，也會有自己的辦法。」她笑笑著輕輕著說。彷彿電影停格，就只是幾秒間的停格，原本焦慮的母親們仍繼續散發更多的焦慮。然我禁不住地偷偷地將眼光移向她：她的喜樂從何而來？她的包容與愛如此堅定？

阿桔又闖了幾樁不算小的禍，課也更不來上了。把他從學校裡「救」出來，是正確的嗎？幾位教師擔憂著；自學團裡飄忽不定的行蹤，他的安全誰負責？自學家長們不安著。

國中畢業後，阿桔去了美髮院當學徒，不再升學。聽說過得還不錯。崇建卻認為阿桔的轉變和他沒有關係。言下之意，在他手中，阿桔沒有變更好。

我很想對崇建說，「你很有教學經驗，你是天才老師。我覺得你說的，學會『調整自己，正視自己內在價值，能以更緩慢的心靈，更大的視野來看待孩子的成長……』實在你以多年的教育者經驗，由內而外的感觸。但你真的如此豁達了嗎？（當孩子還在你身邊時）我以為，若果真如此，你就不該斷定『他的轉變和你沒有關係』。」

教育者不但不必自責，更不能以成效檢視教育的價值，尤其僅以一小段時間去看結果。

我們永遠無法確知，一個人的成長路途，因何時、何地，遇上何人、何事而有了轉機。

唯有盡力而已！

劃腕女孩

談話結束的時候，茉莉問我，「為什麼一般人不能像你這樣談話呢？當我功課不好，壓力大的時候，我想要找人聊一聊，但是一般人都告訴我要努力，不然就是說不要那麼在意，或者說努力就好，不要管成績……」

我聽她說著，問她，「他們這樣說，對妳有用嗎？」

青春期的孩子，最令父母手足無措，生理和心理劇烈變動，不僅孩子需要時間調適，父母更需要改變心態。但是，當青春期的孩子有了負面行為，大人該如何面對？該如何和孩子們溝通？除了「劃腕」的自殘行為，輕則蹺課、抽菸，重則飲酒、吸毒、飆車，都讓大人煩心，不知所措。但耳提面命，效用不大，且日漸衝突。視而不見，卻姑息養奸，當真難為。

然而，孩子真的喜歡這些行為嗎？真的不知道這樣是不恰當的嗎？

茉莉是十三歲的女生，和大多數中學生一樣，她喜歡聽音樂、愛打扮、交朋友，但是不喜歡念教科書。媽媽常為此頭疼，因為茉莉的成績不好，只曉得玩耍，不曉得用功，將來怎麼辦？天下的父母都希望子女出人頭地，有一番作為，茉莉的媽媽也不例外，青春的光陰稍縱即逝，怎麼能不把握？

青春、青春，多少詩詞歌詠，「青青子衿、悠悠我心」、「少年不識愁滋味，為賦新詞強說愁」、「人不輕狂枉少年」。

不只古人，現代詩人席慕蓉，詩寫無怨的青春，更在文章中提及，「不愚昧過一次，又怎能稱之為青春？」

走過青春歲月的大人，看到上述詩詞，多半掩卷懷想自己的青春年少，帶著懷念與感嘆，「繁華如夢總無憑，人間何處問多情？」念及孩子的年輕時光，這些詩詞讓人驚駭不已，青春怎可浪費？光陰怎可蹉跎？應當及時努力，青春一去不復返呀！

但這是茉莉的青春，不是媽媽的青春，媽媽的青春已經逝去，現在輪到女兒的時代。任憑媽媽怎麼叮嚀，如何說教，茉莉的生活依然故我，功課毫無起色，該怎麼辦？這是父母親常遇到的問題。媽媽苦口婆心，女兒充耳不聞，我行我素。母女的衝突於焉開始，媽媽的嘮叨，成了女兒煩躁來源；女兒的言行，成了媽媽的夢魘。

某一天傍晚，媽媽爆炸了。

茉莉下課後，躺在沙發看電視。

媽媽看到女兒懶散成性，虛擲光陰，怒從中來，卻忍著怒氣，要她進房讀書。只見茉莉懶懶起身，坐在電腦前和同學即時通，絲毫沒有想讀書的行動。媽媽一氣之下，拔掉電腦插頭，數落女兒不是。

青春期的少女，擁有青春的叛逆，不僅惡言相向，更甩上房門，讓樂音流淌，獨自在房間拿起小刀「劃腕」，將手腕內側割得傷痕累累。

母親餘怒未消，闖入茉莉房門，本欲曉以大義，卻看見女兒劃腕的刀痕，不僅驚駭憤怒，也不知所措，急著想改變茉莉不恰當的行為。

但母親愛女心切，又怒急攻心，一開口探詢，關愛的語言聽在女兒耳裡，都成了無端指責，母女重啟戰火，從臥房吵到客廳，鬧得不可開交。關懷的語言一旦演變成唇槍舌劍，戲碼經常重演，茉莉欲重重甩上房門，回到自己的清靜世界，媽媽又跟進房來，大聲斥責，「如果我也拿刀割腕，妳會怎麼想？」

茉莉說，「妳愛割就割啊！關我什麼事？」

媽媽拿起桌上的小刀，朝自己手腕劃過，鮮血細細地流出來，茉莉與母親在房裡大聲狂吼哭泣，兩人的關係就像小刀劃過的手腕，交錯著糾纏雜亂的血痕，彼此的心靈深深受了傷，都有深深委屈。

茉莉的媽媽幾天後詢問我，該如何處理孩子這樣的問題？（註一）

茉莉曾來上過我的中文課，學習頗有進展，很喜歡來上課，也喜歡和我談話，是個聰明美麗的女孩。

該如何跟媽媽對談？面對孩子青春的叛逆與懶散？這是個複雜的問題。

我很少直接教導母親該如何對孩子說，或者該如何做。因為媽媽內在有大量的情緒，有高度的期待，並不會透過我的教導，而讓情況有所改善。因為媽媽面對女兒肯定關心，只是自己的情緒不知如何處理。一旦遇到問題與衝突，不恰當的即時反應便會慣性出現，並不是說說道理便可以改變情況。何況青春期的少女，內在豐富敏感，非三言兩語，就能讓關係緊張的父母靠近。

因為茉莉是她的女兒，不是我的女兒，通常父母親不容易放下期待，客觀面對孩子，這是古者「易子而教之」的緣由。**但是母女朝夕相處，而我只是一個局外人，以專家的角色出現，只是講道理，給點兒意見，卻站在風波之外，對母女的幫助微乎其微，有時候過多的意見，反而讓母親造成壓力，無所適從。**

因此當母親需要幫忙時，我通常選擇安慰母親，邀請母親放緩腳步，不要讓自己心力交瘁，才有能量面對子女。如果可以更深一層談話，澄清母親內在真正的需求，真正恐懼的原因，我才會給予少許的建議。

媽媽說，「阿建老師，你可不可以和茉莉談談話？」

「我當然可以和她談話，但我想知道，要我和她談話的目的是什麼，還有她願意主動來找我嗎？」（註二）

媽媽表示，經過這一次事件，她感到恐懼，覺得孩子的學業也許不是最重要的，只要平平安安就好。她自己也年輕過，書也讀得不好，還不是這樣走過來了。想到社會上一些壓力大的孩子，做出傻事，她無比擔心。

媽媽期望我和女兒聊一聊，照顧茱莉的心靈，是不是可以不要再用自殘的方式發洩壓力？

與青少年對談

茱莉坐在教室裡面，面對我，她沒有豎起防衛的圍牆，也沒有晚輩對大人的過度的拘謹，因為我們過去已經很熟悉，而且她也想找我聊一聊。

「最近好嗎？怎麼會想來找我談話？」（Tip1）

「最近不太好。」

「發生什麼事了嗎？」

「最近感覺壓力很大，課業很重，會和媽媽吵架。」

「那妳怎麼面對這些壓力呢？」（Tip2）

「嗯！我會做出一些比較特殊的行為。」茱莉有點兒含蓄，有點兒不好意思的說著。

「比如呢？會做出什麼樣的行為？」

Tip1：雖然我事先聽茱莉媽媽提及，但我仍然要和茱莉確認，而非一開始切入「劃腕」主題，那會使她有防衛感，但我也不是迂迴，而是透過探索，帶出問題，也讓我理解茱莉的處境與想法。

Tip2：這仍是持續探索的過程，探索她面對這種問題的慣性模式。

茉莉靦腆的低下頭，猶豫一下，露出手腕上的割痕，像細細長長的蚯蚓，交錯在手腕內側。

「怎麼回事呢？」（Tip3）

「因為學校功課很多，我覺得壓力很大。」茉莉重複了剛剛說過的話。

「妳的意思是說，妳覺得壓力大，所以在手腕上割出這些刻痕？」

「嗯！」茉莉點點頭。

「有用嗎？」我很好奇，我看過不少青少年劃腕，都有不同動機。「我的意思是，這有什麼關聯？」

「這樣讓我感覺壓力比較小吧！」

「這樣讓妳感覺到放鬆？對妳紓解壓力有效？」我重新確認茉莉的話。

「我覺得滿能釋放壓力的！」茉莉說。

「妳喜歡這樣的方式嗎？」（註三）

「嗯！我還滿喜歡的。」茉莉大概猶豫了一下，點點頭。

「我很好奇，那妳來找我的原因是？」我想確認她同意來見我的目的。

「但是我媽為了這個（指劃腕）和我吵架，而且大吵一架。」

我看著眼前這個為課業所壓迫的女孩，一本正經的和我討論劃腕的舉動。她單純且清秀的臉龐，存在著一絲迷惘。

我心裡思索，如果我的女兒劃腕，並坐在我的面前，和我討論她對劃腕的看法，並且覺得這樣做很好，我會怎麼辦？（註四）

但我知道，如果她是我女兒，我絕對不想看到她用這樣的方式紓解壓力。

我同時也思索，如果我是一個青少年，真的喜歡以「劃腕」紓解壓力嗎？

當我是一個大人，是一個老師的角色，我也許不知道該怎麼辦，因為我常不知道接下來會發生什麼事。我常在公眾場合進行角色扮演，但該如何與青少年對話？我通常都是在對話的過程中，有了新的探索與發現。

但我在和孩子對話的時候，常覺察自己的內在是否有情緒，說話的措詞是否準確，對孩子的了解是否足夠，並且，我會陪著孩子一起面對問題。（Tip4）

最重要的是，我知道自己得有耐性，並且堅持不放棄，而我總是不斷地想確認孩子內在深層的感受與觀點，對於自己的行為是否滿意？（註五）

「妳什麼時候開始，用這樣的方式紓解壓力呢？」

「大概國中二年級上學期吧！」茉莉此時已經是國三的學生了。

「我很好奇，妳怎麼學會的？」

「我看到同學這樣做，後來我才學的。」

「哦！所以妳從同學那兒，學會這樣的方式紓解壓力？」

Tip3：一般大人在得知劃腕情況後，會大吃一驚，或者說教。但我想要更深入了解，形成壓力的事件很多，是什麼樣的壓力，使她做這樣的選擇？

Tip4：我認為陪孩子面對問題，就是探索問題的核心，陪他們重新經驗，並且做出改變。

「也不是這樣，國中一年級的時候，我就看到同學割，但是我是到國中二年級才開始這樣！」

「咦？我很好奇，妳國中一年級時壓力不大嗎？怎麼到了二年級才割呢？」

「也不是壓力不大啦！我那時候看到她們割手，覺得好噁心，好恐怖喔！」（Tip5）

「那後來呢？妳怎麼改變看法的，我的意思是，妳是怎麼開始的？」

茉莉談著談著，彷彿回到久遠的回憶裡，「有一天放學回家，覺得壓力好大，心裡覺得好煩好煩，不知道該怎麼辦。我發現桌子前面有一把小刀，就拿起來慢慢割下去，感覺沒那麼可怕，血流出來的時候，有一種放鬆的感覺，而且沒那麼恐怖。」

「所以妳以後就學會這種方法了。」

「嗯！大概吧！」茉莉聳聳肩。

「妳覺得劃手腕消除壓力，適合妳嗎？」我又重新確認了一遍。

「我覺得滿適合的。」茉莉笑了一下。

我打算將對話拉到另一個層次，想確認她對劃腕的觀點，是不是真的如她所言，那麼的適合？那麼喜歡？因為青少年在看待事情時，總有很豐富的角度與感受，我很想多方探索，因為我一時也找不到更深入的層次理解她。

「茉莉，妳怎麼看待劃腕這樣的行為？」

茉莉愣了一下，搖搖頭對我說，「阿建老師，我不懂你的問題？」

我重新複述一遍，「我的意思是，妳怎麼看自己劃手腕的行為呢？」

茉莉思索了一下，困惑的搖搖頭，「阿建老師，我還是不懂你的問題。」

「比如說，阿建老師上課壓力很大，回到家中，為了消解壓力，拿起刀子朝自己的手腕上劃了好幾刀，鮮血流出來，我感覺到好輕鬆喔！妳怎麼看阿建老師劃腕的行為？」我邊說邊做劃腕的動作。（註六）

「不會吧！阿建老師，這樣好低級喔！好噁心。」茉莉做了一個嫌惡的表情。

「又比如說，妳爸爸上班壓力很大，回到家裡，拿起一把刀，在手腕上劃了幾下，血流出來了，妳爸感覺輕鬆多了。」

「太可怕了吧！好低級，好噁心喔！」

茉莉的反應讓我感到有趣。（Tip6）

「那妳怎麼看自己劃腕的行為呢？」

聽到我將問題回到她身上，茉莉安靜地沒有說話，過了幾秒，茉莉突然講了一段和這個主題看似無關的話題，她語氣悠悠的告訴我，「阿建老師，我覺得自己想要的東西，都要不到。」

Tip5：大人可能會在此處忍不住說，「那你還這樣做！」若是尖銳的質疑一出現，孩子往往不願意繼續探索下去。

Tip6：我常在探索孩子內在時，會發現孩子的矛盾，或者孩子心靈深層的聲音。我常覺得有趣，而更進一步探索，不急著打草驚蛇，去挑戰或指正孩子。因為一旦我們急著指正孩子，就會發現孩子的防衛機制很快速啟動，我們也就失去了解他們的機會，更不可能改變他們。

「比如什麼東西呢？」我並不知道她所指為何。

「就像我永遠考不到第一名，雖然我不太認真，但有時候就算我認真，也得不到第一名。」茉莉寧靜且帶點兒悵然的說。

「第一名對妳很重要嗎？」

「我不知道。」茉莉搖搖頭。

「我很好奇，茉莉，妳劃腕是在懲罰自己嗎？我有這樣的感覺。」

「我不知道！」茉莉再次搖搖頭，情緒有點兒哀傷。

當談話到這兒，我發現討論的內容有很大變化，從對於「劃腕」事件的探索，到對於「劃腕」的豐富觀點，乃至於從「劃腕」背後帶出來的故事，我有了一個小小的目標。

這個目標並不是以阻止她「劃腕」為目的，而是我感覺到她某種自我放棄，自我鞭笞的感覺隱隱作痛，這種感覺曾經深深存在我的心靈裡面（註七）。因此我的目標是要她多接納自己。當她接納自己，便有機會正視自己的努力，不恰當的行為自然會改善。尤其是處在青春期的少女，心中常糾結著大量的情緒、期望與騷動，常輕易地將問題導向對抗，而忽略心中真正的渴求。

我剛剛使用了說故事的方法，和她辯證了劃腕的觀點，我決定再說一次故事，而且此時腦海中閃過了一個故事。

停止鞭笞自己

我對茉莉說了一個故事，一個才發生沒多久的真實故事，我想藉由故事確認茉莉對努力的看法，對自己的態度，她是如何看待自己與他人？就好像她聽到我和她父親劃腕，和自己劃腕的反應，竟然如此不同。

故事是當年（二〇〇九年）剛結束的高雄世運會。

高雄世運會某個量級的女子拔河比賽，進行到冠亞軍對戰的是荷蘭與瑞典兩支隊伍。獲勝的一方，將取得世界冠軍，獲得榮耀，成員也許會得到一筆高額獎金。

比賽採取三戰兩勝制。

瑞典隊先馳得點，取得第一場勝利，只要再贏一場，瑞典隊便是世界冠軍。但在第一場比賽之後，瑞典隊的教練走向裁判，抗議比賽不公。

我問茉莉，瑞典隊贏了第一場，只要再勝一場便獲勝了，為何還抗議不公呢？妳猜猜看是哪裡不公平。

茉莉困惑的搖搖頭，表示猜不著。

原來瑞典隊抗議荷蘭隊少了一個人比賽，致使瑞典隊以九人，面對荷蘭隊的八名選手。

因為勝之不武而抗議，這還真是少見的情況呀！

「原來是這樣子啊！我明白了。從來沒有人因為這樣的狀況，來抗議比賽不公平呀！」

裁判明白了瑞典隊的訴求之後，到荷蘭隊去了解狀況。

原來荷蘭隊有選手受傷了，不能上場比賽，只能以八人對抗九人。瑞典隊獲知這樣的情況，向裁判表示，也要以八人和荷蘭隊的八人比賽，真是一場君子之爭。

第二場比賽開始了。

我對茉莉做了一個假設：假使瑞典隊以八個人對戰，輸了第二場比賽，到了第三場決勝盤，教練依然堅持以八人對戰八人，但是瑞典隊仍然輸了，最終拱手讓出冠軍。如果妳是瑞典的國民，當拔河隊伍回到國內，妳會痛罵他們笨蛋，並且嚴厲的責備他們嗎？或者對他們失望透頂嗎？

「怎麼可能？我很以他們為榮好嗎？他們這麼努力，多了不起呀！」茉莉激動的回應我。

我看著茉莉的眼睛，透露著純真且執著的光芒，青春的孩子，多麼單純，多麼熱情！這是青春的特質，活力的明證，但是這麼青春的孩子，是如何以劃腕作為出口呢？

我問她，「我很好奇，同樣是盡力，但妳對瑞典隊好寬容呀！但妳怎麼對自己這麼嚴苛呢？也許妳並不是一直努力，但妳也有嘗試努力呀！只是有時候怠惰罷了！但妳用刀子割自己，這是怎麼回事呢？」

茉莉沒有回答，只是以眼睛注視著我，眼中蓄滿淚水，像兩條小溪流，順著雙頰流下。（註八）

過了一會兒，我問她，「妳哭了，發生了什麼事呢？」

茉莉搖搖頭。

我再次確認，這個搖頭是不知道，還是不想說。（Tip7）

茉莉表示自己並不知道為何落淚。

茉莉不知道，但我可能知道。

我常與青少年對談，發現青少年在表層的行為下，潛藏著深深的罪惡感，強烈的鞭笞自己的心靈。他們不僅不被大人認可，內在也不為自己接受，因此衍生出自己就是這樣沒用的觀感，為青春蒙上一層陰影，但是這個陰影並非用外在的規條，外在的說教，或者一味的責罵，就能解決他們內心的困頓與紛擾，而是透過耐心探索，幫助他們釐清自己的問題，進而給予他們支持，為他們尋找問題根源，陪他們走過不安的歲月。（註九）

隨後我和她做了一些功課，邀請她深呼吸，接納自己，邀請她不要放棄努力，邀請她允許自己有時候偷懶，因為她也有做得很好的時候，但告訴自己不會總是這樣偷懶，要在心靈裡培養力量，懂得關愛自己……（Tip8）

最後，我詢問她，劃腕的行為適合她嗎？她搖搖頭。於是我邀請她下承諾，不再以劃腕的方式紓解壓力。

Tip7：從我看到孩子的反應，去核對問題，若是孩子不想說，我便不勉強，表示孩子和我還不夠安全，我必須要尊重他，要等待，因為我是善於等待的。

Tip8：這是從心理學借用的方法，透過簡單的冥想，幫助孩子連結自己的渴望。

談話結束的時候，茉莉問我，「為什麼一般人不能像你這樣談話呢？當我功課不好，壓力大的時候，我想要找人聊一聊，但是一般人都告訴我要努力，不然就是說不要那麼在意，或者說努力就好，不要管成績……」

我聽她說著，問她，「他們這樣說，對妳有用嗎？」

她搖搖頭。

茉莉真正的情況，是對自己的失望，因而衍生出外在失序的行為，當她停止鞭笞自己，懂得接納自己，就有機會改變困境。

兩年以後，茉莉專程回來找我，和我分享上高中的生活點滴，還有她的男朋友。她仍舊那麼青春，仍舊充滿活力，但眼神中多了更多的自信，說話更平穩成熟了。我很好奇，她是怎麼變得這麼自在呢？她想了一下說，「大概是我男朋友給我的影響吧！」

我聆聽她的青春故事，聆聽著她面對學習的努力，最後問她，「妳還有劃腕嗎？」

茉莉笑了笑說，「拜託！阿建老師，你上次和我談完話，我就沒再做這樣的傻事了。」

茉莉改變了行為，我相信她也改變了對劃腕的觀點，我和她的對話，從她表明喜歡劃腕、覺得劃腕是合適的、對劃腕產生困惑，覺察劃腕並不適合自己，最後做出決定不劃腕的承諾。她觀點與行為的改變，並非我的說教與要求，只是幫助她澄清自己內在的過程，我僅是幫助她了解自己而已。

■茉莉的回饋

我和阿建老師認識兩年了！雖然相處的日子不長也不短，但那時候每個禮拜一天的相遇，總是令我很期待又開心，他是我第一位很信賴的老師，上課生動又有趣。

在我情緒消極又不穩定的那些日子，他給我力量和勇氣，去面對考驗，尤其是基測那段日子真的不堪回首。那時我認為好多人與我為敵，每天都彷彿在打一場很漫長的戰爭，因為阿建老師的出現，我熬過了那段時光，很感謝他偶爾的傾聽和勉勵。

我畫了一張畫，描述的是，原本一顆擁有喜、怒、哀、樂的心，因為現實的壓力，讓心漸漸地被囚禁，鎖上。後來另一顆溫暖的心，給予關懷傾聽，像一把鑰匙，將原本的喜怒哀樂打開了。

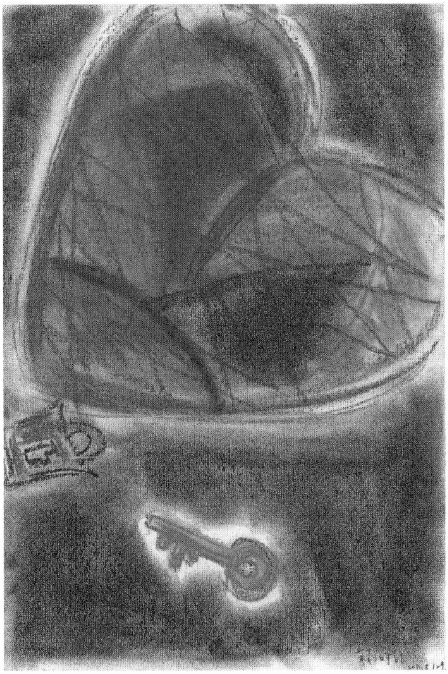

茉莉的作品。

註一：

劃腕是青少年的次文化之一，比例雖然不高，但是在某一群青少年身上，經常可見他們劃得一條條龍飛鳳舞的傷疤，偏偏都是在手腕。

鮮少看到有人專文討論劃腕的行為，但這個現象的背後，和青少年的反叛有關，有點兒類似青少年的塗鴉、嘻哈或者搖滾樂，從早期塗鴉的歷史、嘻哈音樂的本質，以及金屬搖滾樂中的黑暗金屬、鞭打金屬或死亡金屬的呈現，可見相似的特質。

當茉莉的母親來詢問，對青少年的如此表現時，我其實並不熟悉，雖然對其中的意涵感到好奇，也無法告訴母親該怎麼辦。這裡必須說明的是，本文記錄茉莉劃腕的對話，僅能以個案來看待，並不代表每個劃腕的青少年理由皆相同。

註二：

父母親有時請我與孩子談話，我的立場通常期望取得孩子的同意，避免自己變成學校的學務處，讓孩子認為我是在矯正行為偏差的問題，而起了防衛心，失去和他們深入對談的契機，那樣往往事倍功半。反過來看，若是孩子有意願談話，則有更大的機會澄清問題，事半功倍。

註三：

孩子也許會說不喜歡，那我就會好奇既然不喜歡，怎麼會做出這樣的選擇？也有孩子會在此處說不知道，但此時心靈會有感受，我便會在此處邀請他們深呼吸，覺察心靈的感受，並連結到孩子渴望的層次，這部分讀者可從我在本書最前面所列的薩提爾模式的圖，得到清楚的脈絡，在和孩子對話的時候，我總是回應到「渴望」的層次。

註四：

每當我和孩子談話時，我總是反覆思索，該如何幫助他們？也常常揣想，一般父母如何面對他們的行為？他們的衝突如何發生的？能如何使他們改變？他們遇到的阻礙又是什麼？我的思索，是避免自己落入難解的窠臼，重蹈一般人的覆轍，那將無助孩子正視問題，解決問題。

一般人想要改變孩子的行為模式，**通常會在觀點與期待的層次著手**。以劃腕為例，大人可能會不斷說教，告訴孩子劃腕有多傻，劃腕有多不應該，身體髮膚受之父母，不應毀傷；劃腕就是不孝；劃腕是傻瓜才做的……這些觀點孩子多半知道，如此說教，常無助於改變現狀，孩子仍舊依然故我。

父母師長從期待層次出發的對話，常疾言厲色，要小孩不准再犯；孩子劃腕讓父母多傷心、多難過，或者，父母為了不讓孩子劃腕，不讓孩子壓力過大，便採取不在乎功課的立場，試圖解決孩子劃腕的問題。但這樣的處置，若不是加深衝突，就是父母處於困惑之中，不知如何是好。

劃腕只是個表象，僅是著眼解決表象的問題，若不是吃力不討好，問題也常變換不同面貌出現，因此我常從表象進入孩子深層的思維與感受，探索他們的問題如何發生。

註五：

我曾在當體制外教師時，修習敘事治療與薩提爾模式的諮商課程，並且將這兩項學習的心得融入教育領域，發現不僅自己改變了，也更能與孩子溝通。二〇一〇年，我曾將這部分心得，赴香港發表口述論文，如何將薩提爾模式融入教育領域使用，這也成了我和孩子溝通的基礎。

註六：

比喻是世界上最棒的事物，東方的佛陀傳法，莊子寫寓言，或者西方的偉大故事都蘊含豐富的比喻。尼采曾說，「事物如果自明則不必解釋，否則便須借用類似的事物，即是比喻。因此一切語言本質上其實都是比喻。」

我因此常用比喻和孩子對話。

然而大人必須避免的是，使用比喻諷刺或夾擊孩子，結果將會適得其反。

註七：

很長一段時間，我也是沒有自我價值的小孩，不僅功課無法滿足自己與父母期望，更找不出任何值得肯定的部分，因此深深了解自我鞭笞的痛苦，並且自憐自艾，內在世界孤單而且絕望。

註八：

同樣的故事，我曾在帶領教師工作坊時，說給一位認真且充滿愛心的教師聽，她對自己要求甚高，常覺得自己不夠好，但對學生卻付出無比的寬懷。這位教師因而心靈震盪，懷疑自己是否有資格當老師，甚至有了憂鬱的狀況，彼時我也是對她說了這個故事，她聽完以後，嚎啕大哭。

可見無論大人或小孩，都可能深受自責所苦。在社會學與哲學層次而言，文明的發展可能與人類為自責所苦相關，但自責並非解答，實際的創造力與行動才是關鍵，但是自責常常阻礙與困頓了人的內在，也常阻礙了人們看見外在豐富的真實。因此在自責之外，如何打開他們的心靈，使用更豐富的眼光看待自己，幫助自己落實外在行動上，活在當下，而非強勢說教與指責，也是我常思考的重點。

本書中書寫阿桔的文章，即是談教育者的自責。

註九：

本書中的柚子是陪伴青少年釐清問題，跨越孤單，養成紀律的過程中，比較完整的例子。

卷五　衝撞規則的孩子

當孩子不遵守規則

在教育的領域中，我有一個信念，教師與父母不能畏懼孩子，若是大人深怕自己言行觸怒或得罪孩子，教育將很難健康發展。一旦大人有了畏懼孩子的心態，就不要妄想孩子能朝正向的目標邁進。

洋蔥是個活力男孩，上課時總有獨到的見解，回答總和一般同學不一樣，引來眾人譁然或大笑，自己卻冷靜得出奇，像個冷面笑匠。

我很喜歡他來上課，為班上帶來不一樣的思考，讓課堂的思緒活絡許多，引發熱烈討論。但是除了在寫作班上課，洋蔥並不喜歡上學，他覺得學校老師很「機車」，頭腦灌滿水泥，很會找學生麻煩。

有一日他整節課悶悶不樂，帶著憤怒來上課，我問他發生什麼事了。他欲言又止的嘆了一口氣說，「阿建老師，如果你是我學校老師就好了。」

怎麼回事呢？

原來洋蔥違反校規，學校要記洋蔥小過一支。

「根本就不合理呀！校規一點道理都沒有。」洋蔥忿忿的說著。

洋蔥穿了超短襪（或稱踝襪）到學校，被老師抓到了，因為校規禁止穿超短襪。之前老師糾正洋蔥兩次，被老師罰「愛校」掃地，第二次記警告一支。洋蔥本不以為意，覺得無關痛癢，但是老師第三次找上他，要他上學務處約談，並記小過一支，他覺得老師找麻煩，憤而問老師，「為何不能穿超短襪？」

老師回答，「學校規定就是這樣！」

洋蔥打破砂鍋問到底，「那校規為何這樣規定？」

老師思索了很久，告訴洋蔥，「你不覺得穿這樣很噁心嗎？」

洋蔥說，「不會呀！我覺得超好看的！」

質疑校規，怎麼辦？

我們的教育系統，逐漸走向多元思維，鼓勵打破套裝模式的灌輸，但面對孩子在各方面的「多元思維」，若不是維持標準答案，便是以簡化的方式應對，這是當今教育最遺憾之處。

當孩子身處課堂，面對標準答案質疑，大人簡化的答案，或者不恰當的情緒反應，都無法幫助孩子發展深刻思維，教學只是淪於套裝知識與權威的組合。

當孩子身處學校，面對規則質疑，大人的應對若僅是簡化成套裝程式，不僅無助於孩子發展尊重群體的限制，養成美好的品格，更無法培養深邃的人文素養。

然而，大人也對孩子質疑規則最感頭疼。

因為我們成長的年代，哪裡容許質疑規則？無論規則多麼無理，我們都被教導要遵守，除了少數的特權階級。但現在時代變了，電視上我們經常可見人們衝撞體制、反對規則，這是開放社會下的產物。孩子耳濡目染，卻鮮少有人帶他們分辨細節，自然教養了一大部分困惑的孩子。

我在各處演講時，常以洋蔥質疑校規，「為何不能穿超短襪？」詢問聽眾，該如何應對？通常教師若不是嚴格執行，就是帶著一股情緒，或者帶著期待去說服孩子，但教師通常招致學生反彈，或者讓學生避之唯恐不及。

也有教師視而不見，因為本身不認同這條校規。如此一來，教師群的態度並不一致，什麼樣的校規，還需要看什麼樣的人執行，要看看教師認同與否，這就像家裡有一條規矩，媽媽嚴格執行，爸爸因為不認同而迴護孩子，會演變成什麼樣的局面？又會養出什麼樣的孩子呢？

還有教師以討好或打岔的姿態面對，若非苦心哀求，就是嘻笑以對，教師的尊嚴與權威便瓦解了。

那該怎麼面對呢？這的確是個不容易面面俱到的課題。

洋蔥感嘆地對我說，「如果你是我學校老師就好了。」

我注視著他，「如果我是學校老師，會有什麼不同？」

洋蔥說，「至少不會那麼機車吧！」

我告訴洋蔥，「如果我是你學校的老師，我會按照校規處置你。」

洋蔥詫異的問，「為什麼？」

我很認真的告訴他，「因為這是校規。」

「難道你也同意校規，不准我穿短襪？」洋蔥困惑的問。

「不，我還滿喜歡超短襪！」

「那你為何還要照校規處罰？」洋蔥大惑不解。

我以前在體制外中學教書，校規甚少，即使訂定的校規，也是學生與教師組成的團體制訂，再於全校自治會中宣讀。一般體制中學的校規制訂，也有類似的舉措，但往往形同虛設，一般學生根本不知道他們擁有這樣的權利，或者他們漠不關心。一旦學生犯校規，僅有秉公處理，權威壓制一途，鮮少聽見中學生大規模質疑校規，或者舉辦公聽會，校規彷彿是鐵律，永遠不動如山。

我不反對學生穿超短襪，因為美觀舒適。

那為何我還要按校規執行？

校規是行政法中的「特別命令」，行政機關為維持其內部秩序，對具有該關係之特定人，所為公權力之一般抽象規定。而教師又是校規執行的一部分，我若是教師，應該要執行校規。

洋蔥問我，「校規為何沒事找事？規定不准穿超短襪？」

洋蔥問了一個好問題，當時教師僅以個人好惡說，「超短襪好噁心！」也有教師持保護腳踝的理由，不准穿超短襪。但這個理由，孩子普遍覺得無法同意，甚至覺得理由牽強。

多年前，一位體制外中學的孩子轉到體制內就讀，也遇到穿短襪違反校規的問題。我曾探索不能穿超短襪的理由，理由之一是過去的紡織技術未臻發達，短襪的鬆緊無法牢牢縛住腳踝，很容易就鬆弛往下滑；理由之二，學校單純的秩序維持，與制服、髮禁有相近的理由。

但我也不確知校規為何這樣規定。

洋蔥說，「那不是很奇怪嗎？現在紡織技術發達了，髮禁也解除了，但是校規還沒有更改。」

校規沒有更改，並不代表我們不需遵守。

我對洋蔥說，世界各國的法律都不一樣，比如台灣視大麻為毒品，但大麻在荷蘭擁有或吸食，卻是法律允許，而在馬來西亞食用大麻，可能要被處以鞭刑，甚至極刑。一個人總不會在馬來西亞吸食大麻，被處以鞭刑，卻大聲呼喊法律不公平吧！**這就是那個國家，這就是那所學校**。

但是當一位身在其中的學生，覺得校規無理，應尋求各種管道達成更動校規。比如循程序上訴、張貼大字報、申請公聽會、集結學生意見向校方表達……等，都是可以被思考的途徑，如果我是老師，估量自己承擔得起，我也會幫助你，但我也許怕事，或者怕麻煩，那我未必會聲援你。

洋蔥說，「萬一被貼標籤，以後日子難過怎麼辦？」

我對洋蔥說，「那是你必須要承擔的呀！總不能不負責任的想要收穫，而不想承擔吧！況且你一味和老師對抗，被記警告，又記小過，不也是日子難過嗎？何況這樣的勇氣，也是社會進步的動力之一。」（註一）

大家所熟知的印度聖哲甘地，號召印度群眾的不合作運動，除了需要勇氣之外，還有真實與負責。甘地告訴印度人民，某條法律違反正義，因此號召大家不要遵守那條法律，並要大家在同一天、同一時刻，主動向當地警局自首。因此有一個晚上，竟然高達十萬人去自首，全國監獄都爆滿了，這就是一種承擔。

美國南北戰爭時，哈莉特・塔布曼女士堅信奴隸制度是錯的，她相信人們應該對「更高階的法律」以及更崇高的理想負責任，因此她積極提倡應該幫助奴隸逃亡，爭取自由，但是她知道自己要付的代價有多大。

當我和洋蔥說完，洋蔥若有所思，但是沒那麼憤怒了。

讓我驚訝的是，往後他遇到校規的問題，沒有那麼多憤怒發生，還會說那就是校規。但我很好奇的問他，怎麼沒有循管道改變。他卻搖搖頭，雙手一攤，大概無可奈何！這也是他必須為自己負責的選擇。但這也是一般體制學校以權威教養的結果，我不能以另類學校的狀況來衡量。

然而，即使一般學校重權威，我認為大人在某種角度上，也可以很開放的態度和孩子對談，並且執行校規。當大人內在解放了，就不會為了瑣碎的事和孩子生氣，思維也會變得比較充闊，有助於幫助孩子釐清問題，並且為行為負責，而不只是落入情緒的漩渦打轉。

（Tip1）

可不可以對孩子有要求？

現今的社會動盪，價值觀混淆，不遵守規則的父母也多，要求孩子遵守規則也困難，教育變得更艱難。因此教育中大家都熟知的身教，顯然仍然是最重要的部分，比如要孩子不打電動，做父母的也不要盯著電腦不放；要孩子專注，父母就不能在說話時分心或敷衍；要孩子善於分配時間，父母的時間管理也要有好的分配；要孩子不要耍脾氣，父母就不要動不動有情緒。

這些都是老生常談，卻是非常重要的教育課題。

一般父母最常遇到的教養問題，通常是孩子沒有紀律，電動打不停，房間不乾淨，聽音樂太大聲，晚上不睡覺……等生活上雞毛蒜皮的瑣事，卻又讓大人不舒服。

那可不可以有所要求？制訂一些規則？

我常跟父母們對談，對此當然可以有要求，但須注意的是，家裡的規則越少越好，否則就像軍隊了，一點兒都沒有家的溫暖。父母也千萬別讓自己當員警，總是在抓小偷。比如偷看孩子日記；偷偷上樓看孩子有沒有使用電腦，詢問他讀了多少時間的書，偷偷檢查書包。一旦親子關係變成員警抓小偷，絕對養不出健康有教養的孩子。

我在中學教書時，學校配備教師宿舍，正好在學生宿舍樓下。教師宿舍的客廳有冰箱，還有瓦斯爐提供教師簡單炊事，但學生宿舍卻沒有，因此學生常跑來樓下煮點心。

但是學生生活習慣鬆散，常將食畢的器皿置於洗水槽，一走了之。久而久之，臭味熏天，影響觀瞻與衛生，教師只好自己動手洗。教師常為此抱怨，學生講不聽，只懂得享樂，不懂得負責，每次對學生耳提面命，或是生氣警告，學生不是隨口答應，就是漫不經心的說好，一副很煩的樣子。

Tip1：我常用此來說明開放式教育，以大人內在的解放，有別於放縱、放棄、放任、放肆，「誤解式的開放教育」。

很多父母也遭遇類似情況，父母的要求若非被忽略，就是發生情緒衝突。一般父母對孩子有所要求，最常出現幾種狀況，一是怒氣沖沖發號施令；二是討好孩子的拜託；三是冷漠的要求。這三種狀況，都不容易讓孩子真正覺察，意識到自己應該要遵守承諾，他們僅是知道，卻慣性的不會遵守。

來教師宿舍炊煮的孩子裡，最讓幾位教師頭疼的是「翁仔」，教師認為翁仔已經進入叛逆的青春期，整個臉常常緊繃，好像隨時都會發脾氣，偏偏他又是炊煮的「大戶」，常將骯髒的食器丟置洗水槽，女教師尤其不善面對，不知如何是好。

在教育的領域中，我有一個信念，教師與父母不能畏懼孩子，若是大人深怕自己言行觸怒或得罪孩子，教育將很難健康發展。一旦大人有了畏懼孩子的心態，就不要妄想孩子能朝正向的目標邁進。

當時我進入中學教書一年，我所認識的翁仔，是個敏感善良的孩子，內心纖細，外表堅強。我曾在《沒有圍牆的學校》一書中，寫過一篇〈送鳥上醫院〉，主角便是他。他擁有美好善良的內在，卻也經歷青少年的狂飆，只是一般人難以親近罷了。

一個落雨的夜晚，我遇到正要炊煮的翁仔。外頭的風雨淅瀝嘩啦，屋裡頭的翁仔正咕嘟咕嘟地煮泡麵，教師宿舍飄滿食物的香氣。我站在翁仔身旁垂涎，欣賞他煮泡麵的神情，兩人一陣閒聊。

我將話題談到洗餐具的責任，意識到自己得專注認真的談論，於是語氣寧斂且和緩的對翁仔說，「洗水槽的餐具常常發臭，沒有人洗，是誰煮過以後一走了之呀？」

翁仔摸摸頭說，「不知道！好像我也有分耶！」

「怎麼回事？吃完應該自己收拾。洗水槽常發臭，我們都被臭死了。」

「是喔！我忘記了！」翁仔端起煮好的泡麵，吹著滾燙的湯。

「嗯！這樣不對，都是老師們幫忙洗！不洗的話，又臭味熏天，沒法忍受，這可是教師宿舍。如果下次沒人洗，我就直接拿去丟掉了。」

「好啦！好啦！我會注意。」翁仔邊吃泡麵邊說。

「那你答應我囉！下次我會直接丟掉喔！」我雖然像個朋友一樣，笑著和他說，但是卻重複和他確認。

我趁便在洗水槽張貼告示，具名留下教師宿舍規則。

那一天翁仔的確將鍋子洗了，我還稱讚他信守承諾。但數星期之後，我在洗水槽發現翁仔的鍋子，骯髒且沉默的被置於水槽。

那是一只登山用的鈦鍋，鍋身輕盈，價格不菲，我自己都只用鐵鍋呢！我心思訂了規則，卻捨不得輕易丟棄物資。於是我將鈦鍋刷洗完畢，放置於教師宿舍的倉庫，等於是物品充公了。我心想，翁仔會不會不介意呢？他太好命了，也許讓我陸續丟幾個，他也不在乎？那我就樂得幫他洗鈦鍋了，很好奇他的心態會怎麼面對。

有天夜晚，翁仔難得來敲我的房門，小心翼翼地問，「崇建，你有沒有看到我的鍋子？」

「你是說煮泡麵的鈦鍋？」

翁仔高興的直點頭。

「有啊！」

「在哪裡？」

「我丟掉了。」

「你丟掉了！那是鈦鍋耶！你拿去丟掉？」翁仔不可置信的說。

「你答應我的呀！沒有洗就直接丟掉，所以我就丟了。而且規則貼在那兒了。」我聳聳肩，表示遺憾。

「我知道啦！但是一個鈦鍋要三千多塊哪！你竟然說丟就丟！」翁仔沮喪的說。

「我想你答應我啦！我就相信你了，別傷心，鍋子再買就有了。」我拍拍翁仔的肩膀，說話時並未輕佻，而是專注認真。

翁仔垂頭喪氣的說，「你好狠啊！」

我只是裝著一副無辜的表情，看著他到垃圾桶翻找。

過了一小時，翁仔又來敲門，問我鍋子什麼時候丟的，丟到哪裡去，看來他已經在垃圾桶翻了很長的時間。

我回答，「一個禮拜了，你在垃圾桶找不到吧！前天我才倒過垃圾，而且學校的垃圾都運到山下了。」

「唉！崇建，你真的好狠喔！」翁仔嘆一口氣，搖搖頭，沮喪的從我房間離開。

我看著他離去的身影，感覺他並非有心忘記，實在是慣性使然，而且他也心疼著急得想要尋回，並非不當一回事。

我心裡決定，要將鍋子還給他，他應該學到我是認真執行規則了。但是，我要和他重新確定承諾。

「翁仔！」我呼喚他。

他有氣無力的回頭，回我說，「幹嘛？」

「別忘記！你下次不能再將髒鍋子丟在那兒了！」

翁仔仍舊提不起勁兒說，「好啦！」

「你下次再不洗，我真的會將你的鍋子丟掉。」

翁仔突然回過頭來說，「你的意思是，我的鈦鍋還在？」

我點點頭說，「我本來要丟掉的，但是覺得應該愛惜物資，就放在學校庫房裡了，也算丟掉了吧！現在你去拿吧！但是下回可沒這麼便宜。」

「不會有下次了，我保證不會。」翁仔做了個發誓的手勢。

「好吧！我相信你！不過，下次我絕對不會還你了。因為髒鍋子很臭，讓教師宿舍飄滿了異味，你得尊重我們，而且我也不想當洗碗工。」

翁仔連連答應，雀躍的拿到鍋子之後，煮了一碗泡麵，還跑到我房裡來，問我有沒有時間聊天。

我原本和翁仔不熟，因為我既不是他的導師，也沒有任教他的中文課。但因為鈦鍋事件，我和他有機會深入認識，那一晚翁仔吃著泡麵，和我聊學校的生活。〈送鳥上醫院〉一篇文章，就是當晚他和我分享的趣事。他甚至問我為何要一直創作，對文學為何那麼執著，也聊了自己對音樂的看法，讓我更了解他深刻的內在。

從此以後，他從未將髒鍋子放在洗碗槽裡面，我原本預期他應該還會遺忘個一兩次，但是他竟然沒有再犯了，當時大概是一九九九年，或是二〇〇〇年發生的事，卻讓我記憶深刻。（Tip2）

直到二〇一〇年冬天，我去台北演講，夜雨很細很細地落下，我的腳無端腫脹起來。我在台大附近的藥妝店，買了一塊膏藥，在細細的夜雨中，為腫起來的腳敷藥。突然聽見有人大聲呼喚我，「崇建！」

我抬頭一看，一位青年走過來為我撐傘，並且給我一個大大的擁抱，他就是翁仔。

自從我離開學校，已經五年不見了，他已經成了音樂人，在美國專門幫樂團製作音樂。

那一夜，兩人在傘下短暫交談，他暢談自己一路為音樂理想努力的過程，並且探詢我的近況與發展。

我們短暫相遇，沒有聊到多年前鈦鍋的事情，卻讓我回憶多年前的雨夜，那個煮著泡麵的夜晚，並且感嘆，我們的熟稔，竟然是從我沒收鈦鍋開端的呀！

語氣與態度是關鍵

英美詩人Robert Frost（羅伯特・佛洛斯特，西元一八七四年——一九六三年）曾說，**「教育就是要使人具備一種能力，可以聽到任何話都不動怒或喪失自信。」**

我認為這是教育的底蘊，也是我們期望教導出來的孩子形象之一。

無論是洋蔥或者翁仔，無論孩子們是有意違反規則，或者無心的慣性。當大人以規則回饋孩子時，語氣與態度是關鍵。若是大人心態僵化，認為孩子行事規則非黑即白，那就缺少智慧來調和對立的觀點，事情往往發展成衝突或慣性，教育很難發揮功能。

換句話說，大人如果擁有寬大自由的心靈，去面對孩子的問題，問題大半能迎刃而解。然而這裡所謂的寬大與自由，並非放任孩子為所欲為，而是大人內在的解放，重新去審視自己情緒的根源，自己所受教育的經驗。

一旦大人內在解放了，大人的語氣與態度，就會和緩堅定，擁有更大的空間讓孩子討論。

Tip2：面對孩子的承諾，我通常抱著最大的希望，做最壞的打算，並且心裡預想他們會違反承諾，如此一來，當孩子再次犯錯，我便不會沮喪與憤怒，能更寬懷面對事件。

張愛玲在給胡蘭成的信上寫，「因為懂得，所以慈悲。」我也經常以此句話，作為理解青少年犯錯的態度。

曾經一位困擾的家長，來問我該如何和孩子溝通，有沒有什麼技巧，我僅引導家長在面對孩子不恰當的言行時，如何檢視內在？承認自己的情緒，如何調整內在，進而縮小情緒，以專注的語言和孩子對談。

現在很多勸世的書，或者是教導樂活的書，要人不要生氣，有時我會深深感到不安。因為不生氣，並非這麼簡單，知曉道理就能做到，反而因此誤以為自己沒有生氣，壓抑了憤怒，久而久之，常演變成情緒化，或者突然暴怒的狀況。在一般生活中，壓抑的憤怒也跑不掉，會在言談中流露，絕非好的溝通方式，這位家長正處於這樣的情況，孩子也不可能長進。

然而與此不同的說法，是人不要「壓抑」憤怒，那是不是要人發洩憤怒呢？顯然不是的。

事實上很多大人都有類似的困惑，不知道憤怒該如何表達，因此我邀請家長先**深深呼吸，覺察心中憤怒，覺察身體為憤怒帶來的感受，並且承認憤怒，允許憤怒，但不讓憤怒阻礙自己，才有機會真誠地和孩子互動。**

最後，我邀請這位家長，做一些簡單的功課，審視自己的內在，滋養自己的心靈。（註二）

家長問我，「然後呢？然後該怎麼對孩子說話？」

這位家長看過金庸的《倚天屠龍記》。

我以這本書做了比喻：張無忌在血戰光明頂之前，衝破布袋和尚的「乾坤一氣袋」，打通任督二脈，神功初成，看見武功修為比他高的武當派師叔、師伯們，招式怎麼會有那麼大的漏洞？

張無忌深感困惑，最後挺身而出，威震八方。

我要表達的意思是，一旦內在覺察完熟，將養成更寬大的胸襟與眼光看待事物，技巧便是相當末流的枝微細節。當孩子有了不恰當的行為，自然會知道該如何面對了。

美國詩人Henry Wadsworth Longfellow（朗費羅，西元一八〇七——一八八二年）詩曰，

「破了的夾克可以補上；但苛刻的話傷及孩子的心。」

然而，有時候傷及孩子的心靈，並非大人刻意的傷害，也並非苛刻的語言，而是大人不經意流露出來的語氣，都會使敏感纖細的青少年捕捉到，內在也會感到憤怒，且傷懷不已，成長之途也就受到了阻礙，這並非教育者期待的狀況。

註一：

我在體制外學校任教時，有一則規條是不准男女生合宿（更不允許性行為發生），僅允許他們談戀愛。但青春期的孩子，處於住宿學校，會不斷挑戰與衝破規條，質疑這個規則是否符合開放的程式。

有一位十六歲的少年，決定規避校規，在校外租一間房子，和女友同居，並且跑去詢問當時的創辦人老鬍子，此舉是否違法。

老鬍子明白揭示：**當然違法**。

少年相當不服氣，質疑哪裡違反規則。老鬍子的修為向來為我佩服，和青少年的討論過程常是我學習的典範，他當時一點兒也未見動怒，還認真思索孩子的要求，最後告知學生就讀住宿學校，監護權便轉移到校方，那就適用校規的明白條文。

少年則轉而質疑這條校規，並舉出非洲與南美洲國家，十歲就已經結婚。古人甚早就進入婚姻，然而學校以開放之名，卻一點兒也不開放，創辦人一點兒擔當都沒有。

老鬍子沉吟讚許少年，覺得少年言之成理，但是校規依然不能更改，因為那就是一個學校的準則，而且中華民國法律也有類似規定。如果少年執意合宿，那就不能就讀本校，因為按照校規規定，男女學生合宿要開除學籍。但老鬍子告知少年，雖然他未推翻此規則，但仍然尊重規則，並且討論規則，就是一種極大的成熟。

少年雖不滿意，但是帶著思考離開，言談之間僅見理性的觀照，對校規的堅持，以及開闊的討論。

當時我在現場，聆聽著一老一少的對話，心思這所學校的開放，正是以此作為核心價值，絕非外界誤以為的「放任」，其間的差別在於大人的內在是否「解放」。

註二：

我的學習主要從薩提爾模式而來，搭配印度瑜伽教導的呼吸，覺察心中情緒，並給予內在一些探索與回饋。我也邀請這位家長給自己五分鐘，安靜的給自己內在一些滋養。

課堂衝撞不安的孩子

國三那年，校長找來父親，「你是輔導主任，自己的孩子卻都教不好，還有什麼資格教書呢？」父親受此壓力，亦覺顏面無光，決定將我轉學，並且語重心長、痛心疾首的告知我。

我背負著罪惡、期待、無力感、複雜的心靈狀況，轉到一個陌生的學校，功課依舊沉淪，沒有要好的同學，終日渾渾噩噩。

「陽光穿透森林，灑下白花花的亮片，林子透露出一種寧靜。白髮蒼蒼的老人坐在松樹下，專注著手中的工作，他青筋突起的手，用木鉗夾起一枚松果，朝被敲壞的樹幹裂紋嵌進去。幽靜的森林深處，突然傳來細碎的腳步聲，落地的松針急了，發出窸窣的聲音報訊，白髮老人聽見，回頭看見一個有疤的黑臉男，手裡拿著……」

時序是二〇〇八年冬季，五年級的作文課堂，正上演森林保護者的故事。我是主講者，口沫橫飛的搬演故事，孩子們則聚精會神進入故事。

為了配合故事裡黑臉男的出現，營造神祕緊張的氣息，我刻意壓低音調，放慢說話速度，讓孩子們更深入故事，發展深層的連結。

此時全班鴉雀無聲，雙眼著魔似地盯著我，深怕故事中愛樹的老人遭到不測，更不想遺漏故事的細節。

「老師！」教室角落吼著急切的沙啞聲。

那是松的吼叫，他常在故事的關鍵處打岔，提供天馬行空的答案。

松激動的將半個身子撐在課桌上，音量狂喜般的呼吼，「我知道了，那個黑臉人是鬼！」

根據以往的經驗，接下來的場面肯定一陣混亂，其他同學必定群起攻之。

「閉嘴啦！」

「安靜啦！」

「滾啦！」

班上孩子的咒罵聲此起彼落。

松也毫不客氣的以手拍桌，大聲反擊，「你才閉嘴啦！」

想不到故事的高潮，殺出一批程咬金，爭吵的不是故事的內容，而是聽故事的態度，成為課堂的變數。

為了讓孩子進入故事的脈絡，從聽故事的人成為說故事的人，在敘事或觀點上辯證，我通常會和孩子們在故事中互動。他們會在故事進行中，突然插話，碰撞出幾個有意思的討論。

但松打斷故事的橋段處，和其他孩子不同。

一般孩子們總在故事啟人疑竇、邏輯瑕疵、敘事出現破綻、劇情大轉彎或者故事停頓時插話討論；松卻和一般孩子不一樣，他總在故事的**關鍵處**插話，那個關鍵通常是緊張的開始、神祕的氣氛中，或者伏筆的末端，大家都屏氣凝神諦聽的時刻，他突然冒出一句令人錯愕的話，聲音特別宏亮，引來眾人圍剿。

我還來不及回應松的問題，同學們已和他一來一往互槓，一群人像無賴叫囂，教室比菜市場還要嘈雜。除了語言衝突，松罵到氣憤處，使出砸書絕技，將書本砸向同學。

他壯碩的身軀，氣呼呼的樣子，像一座噴發中的火山，樣子挺嚇人。

為了緩和他的情緒，我站在他身旁，將手掌放在他背脊，撫慰他失控的憤怒，我嘴裡雖然鎮定的說著，「好了，都別吵了。」心裡卻想：該怎麼讓這場衝突先暫停在這兒，讓課程繼續。（註二）

松暫時像一座休火山，情緒發洩完的身軀斜靠椅背，雙臂交叉在胸口，臉負氣的別過一旁，喘息聲迴盪在激情之後的教室。大夥兒收斂的情緒裡，有一種尷尬的氣氛，過分安靜的空間，彌漫一股不協調的侷促。

和他衝突的孩子，看見衝突暫時歇止，也許要化解衝突後的困窘，也許要打破侷促感，或想在語言上扳回一城，背著松說了幾句不相干的話，再次挑起松的憤怒。

松躍起身子，伸出巴掌，瞬間繞過我身體。他大半個身子雖然被我阻攔，卻差點擊中說話的孩子。

眼看課堂又要混亂。

「再不尊重課堂的人，就請出去。」我說話的語氣嚴肅了，對象是教室內的所有同學。（註二一）課堂雖然一時間又安靜下來，但松顯然情緒未定，盯著牆壁，充滿怒氣。

隨後，我想忽略這爭吵的一刻，用精采的故事召回他們的專注，打算事後再和松對談（註二二）。但松卻瞬間起身，氣呼呼的離席，甚至在經過講台時，用他壯闊的身軀，使勁碰撞我的肩膀，奮力甩上門。砰然一聲巨響之後，留下我和教室內錯愕的同學們。

孩子們目睹：**松的無理憤怒，松朝老師碰撞，松大力甩門而出。**對現場的教師而言，這樣的狀況發生，真是難堪。還有，怎麼面對教育現場的孩子們？他們如何看待同學的言行？教師回應的態度？那是品格故事的一部分。

在靜默三秒之後，孩子們零星的意見此起彼落：

「老師！松剛剛故意撞你！」

「松太過分了！」

「不要讓他來上課了啦！」

「他每次都這樣！」

「白目！」

當然，還有更多的孩子沒有說話，只是張大眼睛，等待老師的回應。這回，松用肢體衝撞老師了，老師會如何回應這個衝突呢？若是松衝撞同學，狠狠甩門，同學們當然不客氣的響應，或者遠遠避開。

但松這回衝撞的對象，是講台上的老師。

二十幾個孩子的眼睛注視著我，像黑夜裡的星星，閃爍著純真的光芒，他們所理解的世界，非常單純，直來直往，毫無掩飾。我了解，成人世界的一舉一動，都是他們學習與參考的對象，包括每週相處一次的老師。

我在故事繼續進行之前，告訴同學們，松的態度是不對的，他的行為干擾了課堂的進行，態度也不禮貌，這樣很不好，但同時也告訴孩子們，我心裡的想法：我可以理解一個憤怒的人，常不知道該怎麼讓情緒平靜下來，同學們應該也有這樣的經驗，但不代表這是對的。

做一個老師，我會試著努力，多和松談一談，我相信他會有所轉變。同時，我也希望同學們遇到松突然的插話、情緒失控、態度不好的時候，能直接跟我反映，交給我處理，我期待保障所有同學的權利，也期待一個自由且有秩序的課堂。（Tip1）

孩子們多半安靜地聽著。

但有孩子關心我，「老師！剛剛松撞你，你不會生氣嗎？」

我的確沒有生氣，從事教育多年來，可以較平心靜氣面對這樣的狀況。

「以前我可能會很生氣吧！但現在不會了，因為生氣會讓事情更複雜。而且，他沒有再進一步衝撞我呀！他這樣的行為，也會為自己帶來很多困擾！比如，他今天不能再聽故事了，不能和同學和平相處，同學可能會不諒解他，還有，他心裡一定也不好受。」

「老師，剛剛那個黑臉男手裡拿著什麼啦？」

「對呀！趕快說故事啦！快沒時間了。」

孩子們在衝突之後，焦點還是放回故事的發展，這是孩子們的天真之處。

「黑臉男手裡拿著一把斧頭，斧頭上的利刃閃爍著懾人的光芒，還帶著松汁的氣息，彌漫在寧靜的森林裡。白髮老人轉過身來，繼續為裂開的松樹修補，絲毫不為所動。但是森林裡的鳥兒著急了，急促的叫著、跳躍著，連白髮老人身邊的松樹，都顫抖著身軀，掉落大量的松針，將老人的白髮染綠了……」

孩子們在短暫的插曲之後，又進入故事的脈絡。但在故事之中，他們最關心的，是那個黑臉男到底是什麼來歷？又會對森林和白髮老人帶來什麼樣的故事？但無可諱言的，課堂上發生的事件，一定會在他們心中蕩漾著，會成為他們成長過程中，探索世界的某個印記。

Tip1：當課堂發生突如其來的事件，團體中的其他孩子會有困惑，或者內心震盪不已，也會影響上課情緒。我常藉由幾個深呼吸調整自己心靈，覺察內在的處境是否生氣、難過，再跟孩子們就事件說明，讓彼此都有所學習。

從重複的事件，思索面對的方式

我是松課後的作文老師，他一星期來上一次課，課堂上除了以故事互動，還必須寫一篇作文。

松常在課堂發生衝突，卻很愛聽故事，情緒常隨著故事起伏。當故事中的負面人物欺負弱小，他會脫口大罵「壞人」；當故事不圓滿，他會央求我更改故事，還給主人翁一個美好的結局；當故事主角度過難關，他會鬆一口氣。

我在課堂口沫橫飛，眼瞅著每一個孩子的反應，發現松特別關注故事中的人物。他眉眼神情起伏，有時春光明媚，有時晦暗不明，充滿戲劇感，我可以咀嚼出他的心緒。故事裡的喜怒哀樂，小人物的悲歡離合，對他而言，都是現實人生，感同身受。

看他激動漲紅臉，雙拳緊握；看他哀哀無告的表情，神情落寞；看他爽快歡呼喊「耶！」看他怒目罵說故事的「我」，看他同故事中人委屈，淚光在泛紅的眼眶中打轉兒。我心底也會一陣激盪。

他是一個善良、心軟的孩子。有正義感，應能發展很好的同理心，同時也是一個說話直來直往，毫不掩飾的孩子，這也是為何他在課堂，情緒總是掩藏不住，發生衝突時，血脈賁張，要堅持捍衛自己認為的「正義」，但也因此，他的行為會為別人帶來困擾，而不自覺，受到許多挫折。

另一方面，他的作文天馬行空，大多漫畫式的對話，而且寫作字數甚少。上課幾次後，我總要求他補足四百五十個字數，那是我設立的寫作基本責任，除非他的文章已經很完整，無法添加字數。對此，他很不滿意，經常怒氣沖沖，回到座位生悶氣。還有好幾次，他交作文時，對我發脾氣，或者低聲求情，卻都無效，我仍舊要他達成小小的責任。（Tip2）

「作文並不是寫得多就好，但練習的時候，字數總是太少，會影響寫作能力。四百五十個字是一個責任，你得完成，只要專注面對了，就算寫不好，也沒關係！」

作文未達字數的孩子們，最熟悉我說這樣的話。

有一回松作文寫了一半，不想再繼續寫下去了。他那天情緒欠佳，整節課臉緊繃著，不說一句話，作文草草了事。我依照慣例，拒絕收他的作文簿，要求他寫完責任字數再交出來。

他發火了。

他憋著一肚子氣，忿忿地走回座位，像即將噴發的火山，雙眼泛淚瞪著桌面，濃重的呼吸聲如卡車引擎，不斷踩油門蓄積能量，桌椅震得嘎吱作響。隨後，他在作文簿上亂畫一通，吼著自己寫完了，將作文簿丟給我，也不等候我的閱讀，隨即以身體衝撞我的肩膀，甩門離開教室。

Tip2：在課堂上，我定出一個底線，作為他們的責任，比如字數就是一個責任。有時候孩子不能完成字數，但卻非常認真面對，我會視為已努力達成責任，便不以字數強求。因此，若孩子無法達成責任，他們如何面對挫折的態度，就是重要的關鍵。

同學們紛紛說，「又來了！」

是的，他的情緒又來了，他面對衝突事件，不合己意的情況，表達的方式很相像，不僅傷了別人，也傷了自己，那會成為一種慣性。

我想要維持課堂秩序，保障所有同學的權益，也想要改變他的應對模式。我知道這兩件事，不能單單從課堂規定入手，還要讓他從心中自我覺察，並且許下承諾，同意這是我們的共同目標，我要和他一起朝著這個目標前進。因為，我判斷他也不喜歡這樣的狀況重複發生，也不喜歡用這樣的態度面對事情，只是他不知道該怎麼辦。（註四）

我想當他的朋友，和他有更深入的互動，但也要讓他明白，我是他的老師，必須維持課堂秩序。他必須了解，在身分轉換之間，人和人也有了不同的界線。

和他母親聯絡時，聊及班上情況，除了據實以告，也將我對他的正向觀察，未來課堂可能重複發生的狀況，對他學習狀況的評估，一一陳述，讓他母親知道我的想法與做法。（註五）

他沒有注意力不足過動症（ADHD），也沒有妥瑞氏症（Tourette syndrome）（Tip3），但他來自單親家庭，和母親、姊姊同住，母親相當開明，樂於分享他的情況，也不避諱提及心中感受。

母親提到松在學校的情況，就是作文班的縮影，不同的是，他很多課都不願意進教室，寧願在操場遊蕩，但他願意來上作文課。他在學校，和英語老師的關係緊張，更使他不想碰英語，而且同儕關係互動不良，常常形單影隻，蹲在操場一角。

我輾轉向學校聯繫，得知導師費了很大心力協助，並且轉述學校情形的無助，狀況多半和作文班相同：不交作業、上課吵鬧、和同學衝突、頂撞老師。除此之外，松不願意向任何人吐露心事，輔導老師有點兒氣餒。尤其苦心經營的師生關係，常在一瞬間瓦解，讓老師沮喪。

然而，松怎麼會向任何人吐露心事呢？他沒有值得信賴的朋友，當他面臨衝突，面臨意見不同的狀況，他都不知道該如何處理。頭腦的回路和心靈接不上線，不知如何才能將情緒切換到現實。那些時候，全世界的人都和他為敵，處境很孤單。

在作文班課堂，常看見他興高采烈地和同學說話，但同學的反應經常冷淡以對。下課時間，他坐在圖書館角落等人接送，雙眼直楞楞地，臉龐透露著一絲落寞。

單親的影響？

松的爸爸不幸於數年前過世了。發現罹癌之後，他爸爸的癌細胞迅速擴散，一個月內撒手人寰，留下一雙年幼的兒女。媽媽迅速辦完喪事，將悲傷一肩承擔，為的是讓孩子回歸正常軌道，不希望他們長久沉浸悲痛中，影響生活。

Tip3：有這樣狀況的孩子，課堂處理狀況類似，如果教師能養成班級文化，堅定班級規則，覺察應對姿態，通常不難處理。

但孩子驟然失去父親，失去心靈的靠山，失去朝夕生活的倚賴，失去恆常以來的穩定與安全感，失去的比我們看到的，可能還要多。這突如其來的失落與哀慟，藉由一個完整的儀式沉澱，讓頭腦和心靈的悲傷連結，向父親告別，有時候是必要的過程，若有人從旁引導，幫助孩子接受失去父親的事實，正視內心的傷痛，從悲傷中得到力量，勇於面對現實，孩子將會有深刻的成長面貌。

總結而言，父親驟然而逝，孩子的心靈糾結著失落、困惑、憤怒、悲傷各種情緒，卻不知如何疏通、自處，可想而知。

父親過世之前，松年紀非常小，他是個單純的乖小孩，沒有那麼多衝突情緒，也沒有失控狀況。

然而松課堂的失序行為，並不能單單歸因單親家庭，因為很多雙親家庭的孩子，也有情緒管理不佳的狀況；也有很多單親家庭的孩子，並沒有這樣的狀況。但得知他是單親小孩，會讓我有更多同理心，去面對他的憤怒，他的矛盾。也常讓我思索，這樣的孩子，他內在交織著豐富的感受，莫名的憤怒，遺憾的心靈，我該如何和他互動？

我也是單親的孩子，母親在我國小五年級時離開家了。

回溯國小五年級的我，在生活上、課業上，發生什麼樣的變化呢？

我開始偷父親的錢，到坊間打電動玩具，並且流連不返。數學課已經聽不大懂了，功課往下滑落、不再寫功課、編謊話蹺課、對同學說謊以取得矚目、幻想自己是神的孩子，擁有超能力、雖然渴望朋友，但交友狀況不佳，心裡倍覺孤單、在家對弟妹暴力相向。

這些脫序的狀況，在我國小五年級以前，很少出現過。

與此同時，我的五、六年級竟也是最風光的兩年，我同時參加演講、朗讀、閱讀、書法等比賽，都是全校一、二名，甚至代表學校參加比賽。但在國中教書的父親，一切以課業為重，對我參加比賽一事，並不支持，要我注意課業。

我就讀的國中，也是父親任教的學校，父親注重我的課業，請來數學家教，也親自幫我補習英語。但遺憾的是，我的功課仍舊滑落至最末段，上課經常恍神，國中三年成了我最痛苦的時光。回溯國中三年的歲月，我腦中總是浮現巨大的椰子樹，在陽光下顯得如此疏離，那是我坐在教室中，最常見到的窗景。

國三那年，校長找來父親，「你是輔導主任，自己的孩子卻都教不好，還有什麼資格教書呢？」父親受此壓力，亦覺顏面無光，決定將我轉學，並且語重心長、痛心疾首的告知我。

我背負著罪惡、期待、無力感、複雜的心靈狀況，轉到一個陌生的學校，功課依舊沉淪，沒有要好的同學，終日渾渾噩噩。

父親常語氣失望，卻又充滿期待的對我訓勉，我的心裡既矛盾又痛楚，很想努力有所為，卻提不起勁，也不知該怎麼辦。覺得自己是個壞孩子，常和父親頂嘴，常因功課沒寫而被叫到訓導處毒打，常逃到電玩店麻痺自己。

這是母親離開後的影響嗎？還是進入青少年的叛逆？我並不真正明白。

假設時光倒回三十年，有人遇到十一歲的李崇建，並且詢問，「母親離家對你產生什麼影響？」

我大概會堅定的回答，「沒什麼影響！」

即使我年紀再大一點兒，是個十五歲的青少年，甚至三十歲青壯年的李崇建，有人問我同樣的問題，「母親離家對你產生什麼影響？」

我相信回答依然如此，「沒有什麼影響！」

但我一定不想深入談這個話題，誰談及了，我若不是逃避，就是轉移話題，最嚴重是翻臉。

我的頭腦強壯，內心脆弱，強烈捍衛自己的生存之道，為的是掩飾自己的軟弱，將悲傷與憤怒潛藏，置於我無法碰觸的深海底層。

如今我四十四歲，當我寫這篇文章，寫到母親離家的這一段，心中出現一股淡淡的憂傷，再往下探索，一種渴望童年時期的母愛，一個溫暖家庭的圖像，油然而生，但是這個未滿足的期待，已經不可能以我童年的形式被滿足了。母親離家，對我有沒有影響？這個答案很複雜。

我並非將成長期間偏差的狀況，歸咎離家的母親，因為，我也必須為自己負責，而且，我如今能從母親離家的事實，轉換出豐富的內在資源，看見自己的正向能力，長成更深刻成熟的一面。

我該如何幫助這樣情況的孩子呢？

我常常想像，如果，我以四十歲的年紀，遇見十一歲至二十歲之間，青少年時期的李崇建，我會了解李崇建的孤單嗎？會知道李崇建的困惑嗎？會知道如何不以刺探的方式，傷害一顆敏感的心靈嗎？會知道如何和李崇建談未來？談怎麼面對生活與學習嗎？會多一些接納李崇建，不會只是要求和說教嗎？知道如何成為李崇建的朋友，引導「他」少一點困惑，多一點正向看自己，減少罪惡感，明白失去的母愛，如何從自身找出資源替代。

事實上，我三十歲以後的內在成長，是以一個成熟的李崇建，逐漸引導心裡孤單的李崇建，承認自己的脆弱，碰觸內在的情感，走出一段困惑、失落、痛苦、自卑的童年，縮小童年對我的負面影響，活出真實的自我。這個成長的方式，並非僅單純透過知識的汲取而達成，而是周遭的典範以不同的應對模式，思考方式帶領我學習與覺察。

松呢？驟然失去父親，對他造成什麼樣的影響呢？

有一回作文課，我設定的主題是〈XX留下的○○〉，我講了一個虛構的故事，但感情真摯，關於外公和我之間的感情，以及他留下的包袱。那是一個啟人懷念的故事，那一堂課，很多孩子都動容了，眼中泛淚。我沒注意松聽故事的表情，但令我記憶深刻的是，松在寫作文時，才剛剛起筆，便以雙手撫臉，眼睛望向天花板，眼淚簌簌滑下脖頸，擦掉了，又流下來，松只是流淚，沒有哭出聲音，整個教室只有寫作的沙沙聲。

我悄悄走到松身邊，不敢打擾他，瞥見他作文簿寫了兩行字，「爸爸往生了，他生前留下了一個珍貴的……」（註六）

我很感動，他能在作文簿中寫出這樣的文字，寫出心中的懷念與悲傷，雖然那可能是他虛構的故事，但感情真摯。

那一天下課，我順道載他回家，刻意藉著課堂上的故事，和他聊到自己童年的孤單，母親離家的況味。松一改以往蹦蹦跳跳的模樣，安靜地從車後座貼近我身邊，我聽見他吞嚥口水的聲音，似乎有點兒艱難，很認真的跟我說，「阿建老師，我懂你的感覺，因為我爸爸往生了。」

當他的朋友

每週二晚上九點半，松下課後，我因順路之便，載他回家。載他不只是順路一個理由，還有我的意圖：我想和他親近，傾聽他的困難，當他的朋友，這是最直接的機會。

最初，一段十分鐘的回家之路，松總是將臉朝向窗外，看窗外流動的街景。偶爾望向他，純真的臉龐仍舊透露落寞，夜燈與霓虹透窗的光影在他臉龐變換，對比出寂靜與喧嘩的兩個世界。不知是不是他刻意的沉默，我和他的談話，似乎沒有在他意識裡著陸，他多半無神的望著窗外，或者空洞的看著前方。偶爾回應我的語言，也常不著邊際，彷彿漂流在外太空。

但是就像所有的朋友，都從陌生到熟悉，我知道自己得有耐心，也得接受他談話的特質。我不是很了解，他不經意顯露的落寞該如何應對。那時他像坐落太陽系邊緣，冰冷的冥王星，在遙遠的軌道運行；但有時他熱切且興奮地分享的事件，又像個捉摸不定軌道的彗星，乍然親近，讓我不知道該如何回應。

我將自己的角色，設定為一個陪伴者，多傾聽而少意見，多好奇他的談話內容，而不急著給予指導。

每週的車上相處，我逐漸找到一個頻率，可以和他對上話。他喜歡分享飲食、聊漫畫、聊學校發生的瑣事、聊作文課的故事，但他對於自己心裡的情緒，對學校發生的衝突，對課業的不安，卻絕口不談。而我也從未刻意想要聊這些事，只是表達關心。但是他慢慢和我熱絡了，幾週以後，往往一上車，就開始對我訴說學校發生的事件，聊到趣事笑得很開懷，聊到不開心便淡淡略過。

看起來，我們已經具備一般朋友關係了。那麼，他在課堂上的表現，是否會尊重秩序？比較聽進我的話？**答案是否定的！**

這個問題，正如同從松的邏輯來思考，「阿建老師和我比較熟悉了，是不是會比較包容我？允許我在課堂脫序呢？」答案也絕對是否定的。（註七）

但我和松比較親近，讓我擁有更多機會，更多不同的方式和他互動。用泥土來譬喻這樣的關係，就像乾燥的沙土，因為水分的進入，變得比較鬆軟了，塑形的法子也多了。只是方法變多、變得比較容易，卻並不一定能朝理想的方向發展。

有一回上課，松提前進來教室，和同學拿板擦丟擲嬉戲，不亦樂乎。但即使是下課時間，教室凌亂失序的行動也不恰當，一群學生在我禁止無效之後，被我請出教室，包括松在內。

上課時間到了，所有學生都進入教室坐定，只有松坐在教室外面階梯，背對著我，手托著腮，似乎在沉思。

我呼喚他，「上課囉！進來吧！」

松頭也不回的說，「你叫我出去了。」

我一陣錯愕，隨即明白：他剛剛被我請出教室，心裡不是滋味。

我耐著性子解釋，「那是剛才的事，你在教室打鬧，所以我請你出去。現在上課了，我請你進來教室上課。」

松依舊那句話，「是你叫我出去的。」

上課時間到了，我沒時間和他個別談話，去了解他的心靈，解釋他行為的不恰當，和他受傷的內在互動。

我最後告訴他，「嗯！剛剛是我請你出去的。現在上課了，我請你進來上課。」

松語氣冰冷的說，「是你叫我出去的。」

「嗯！但是我現在請你進來。因為，已經上課了，你想進來的時候，自己進來吧！」

但松仍然重複那句話，背對著我，身體無動於衷。

我隨後關上門，開始上課。

故事才剛開始進行，有人敲門了。

我一打開門，門外沒有人。

我知道是松故意敲門，但我不想再重複邀請他進課堂，那似乎變成我一直在拜託他進來上課（註八）。何況我一打開門，他便迅速躲入廁所，門外也見不到人，我只能將門關上。

他持續敲了三次門，而且敲門聲一次比一次大。

這個看似捉迷藏的遊戲，顯然不是對教師權威的挑釁，而具有豐富的意涵在裡面。（註九）

我打開門對廁所裡的松說話，自覺語氣平穩，態度嚴肅，但應該聽得出我的生氣，「松！我和你感情很好，我很喜歡你，也自認為你對我很好，所以一直邀請你進課堂，但你這樣的舉動並不恰當，如果你不想尊重我與課堂，那麼你下一堂課不用來了，我會告訴你媽媽，讓你停止來這裡上課。」（Tip4）

我隨後進教室，繼續進行未完的故事。

當我透過故事，和班上同學進行互動，突然門被打開了，松探出一顆頭，回應我故事提出來的問題，原來他站在門外聽了一段時間。我先回應他的問話很有深度，接著問他，「你不在教室裡面上課，按照道理不能發言，現在給你兩個選擇，一是離開這裡，趕快回家。二是進教室坐好，一起上課。你要選哪一個？」

Tip4：這裡的對話，是表達渴望層次的連結，並且拉出界線。

松笑嘻嘻的說，「我要進教室坐好。」

尋找改變的契機

一段時間互動下來，我感覺松在課堂的狀況比以前好多了，雖然偶爾有脫序與失控的行為產生，但強度變小，頻率也比較少了。（註十）

松每週只在課堂和我相處兩個小時，並且由我載他回家，我們感情日益親近，彼此分享的話題也更多，他在學校發生的插曲，他心中喜歡的女孩是誰，他都願意分享，與我們剛認識時截然不同，這表示他對我有更多的信賴。

他即將升小六的那年暑假，除了每週的作文課，我決定增加和他相處的時間，邀請他到作文班打工，一週擔任兩次清掃工作，並且擔任我的助理，印講義與擦黑板。

他相當樂意接受這個提案，在暑假為自己賺一筆零用錢。

他還是個小學生，當然不能被我聘雇打工，但我聽說他在學校打掃時，常常會因為莫名的理由抗拒打掃，因此我決定創造一個機會，以打工的名目，給他責任，讓他下承諾，學習當一個負責的人，改變他對掃地的抗拒。

松一開始工作很認真，接下來的掃地工作偶爾疏忽，打掃不夠徹底，我便有機會和他互動工作責任。（Tip5）當他掃地認真，我便有機會回饋他，怎麼能掃得如此仔細，建立他的責任與自信。

與此同時，我決定和他共讀一本書，藉此增加他的文學閱讀，豐富我們談話的內容。更重要的是，我想藉由一本主角和松處境相當的書，透過討論，讓松覺察自己的行為。我選的書是《吞鑰匙的男孩》，主角是一名過動兒，松雖不是過動兒，但兩人處境的確有相似之處。

當我和他談及主角「喬伊」，出乎我意料之外的，松對喬伊批判有加，指責喬伊的不懂事，不顧慮其他人感受，破壞團體秩序，行為超級白目。有趣的是，他批判喬伊的言行，正是他常發生的狀況。（註十一）

我問他該如何面對這樣的同學，他的憤怒便衝上心頭，振振有詞的批判著。但當我問喬伊知不知道自己被別人嫌惡，松卻說管他的。我告訴松，看書的時候，我常思考該如何幫助喬伊，我猜喬伊也不願意被討厭。松此時卻憤怒漸息，也提供好幾個方法協助喬伊，並且告訴我，喬伊應該不知道自己被討厭吧！

他怎麼知道喬伊的處境呢？

松迂迴的說明他的想法，最後他說，「我認識像喬伊這樣的人，他應該不知道自己被討厭。」

我始終沒有將喬伊和松相提並論，只是針對如何協助喬伊彼此思考，我認為這樣有助於他的覺察，也有助於他思考。

Tip5：想要改變他的行為，最好的處境便是不當的行為發生在眼前，才有機會和他討論。因此家長常擔心孩子的慣性行為影響課堂，我都請家長別擔心，因為我喜歡孩子們在我的課堂呈現各種狀況，我便有機會進行教育。

我不知道接下來松的改變，與我們的討論有多少關聯，但是他升上六年級之後，課堂上幾乎沒有失控的情況發生。

偶爾和同學衝突，他都能夠控制情緒，避免衝突擴大，和我剛認識的松判若兩人，我也在談話中好奇，他是怎麼改變的，讓他意識到自己的成長，意識到自己已經不同。他若不是說不知道，就是講出頭頭是道的道理，說自己沒必要發脾氣。

松在學校的處境也有了轉變，和同學的衝突減少，和老師的關係也比較好了，漸漸邁入正常的軌道。

與此同時，松媽媽每一段時間便帶孩子見諮商師，還有松親近的朋友也提供了很好的關注，都占據重要的影響。

而我和松因為日漸親近，相處更顯得輕鬆自然。有一晚他興致勃勃的告訴我，他花了七百元買一台火柴盒大小的遙控車，不停展示給我看，邀請我一定要玩一玩這有趣的玩具。但我當下沒有空，要他晚一點再跟我說，他便在一旁安靜等待。

稍後我帶他去吃漢堡，在速食店中，他將小車的遙控器交到我的手上，要我試著操縱看看，並且耐性地示範操作的程序。

他年僅十一歲的手已經很寬大厚實，抓住我笨拙的手指引導我操縱，語氣溫暖且和緩的向我解說，我突然心生感動，這個孩子內在很柔軟的區塊，可以如此自然表露，而且擁有無比的耐心，他一口咬著漢堡，一邊看我玩弄遙控車，神態安詳而穩定。

我才意識到今晚他點了小杯的可樂，點一份小小的餐點，和以往最為親友詬病，每逢別人請客總是選擇最貴的東西不同。

到底發生什麼事呢？我問松，「你怎麼沒有點貴的東西呢？」

松抬起頭來，若有似無地，有點兒靦腆的說，「因為你賺錢很辛苦，我不想花你那麼多錢！」

我很訝異他這麼成熟的答案，接著詢問，「我很好奇，你怎麼知道我賺錢辛苦？」

松說，「因為我媽媽賺錢也很辛苦！」

我沒有再說話，因為不知道該接什麼話，也許我的內在也為他的覺察與改變感動。

過了良久，松冒出了一句話，「阿建老師，我覺得你是一個不計較的人。」

「哦！怎麼說？」

松接過遙控車，低著頭把玩，「每次買東西，你自己都買很便宜的。但是我買貴的，你都沒有生氣。」

我告訴他，「小孩不會故意占我便宜，一定是有需要才買，而且每次都是我邀約請客的，不是嗎？何況都只是買幾十元的飲料或一百多元的餐點而已呀！」

從那一次以後，我發現他和我進超商，一改過去買大、買貴物品的習慣，反而精挑細選，買較便宜的飲食。

這是怎麼改變的呢？我無法精確的說明，但我知道當某個契機出現的時候，透過深刻的討論，他的轉變會更容易落實。

轉變後的面貌與習慣

松國小畢業，即將離開作文班之際，學習和生活平順，維持一陣不算短的時光，沒有發生太大的狀況。他離開作文班之前，我告訴松的母親，未來在國中階段，松可能還會有狀況發生。

為何會有這樣的評估呢？

一來要讓媽媽知道，未來松若偶有失控情況發生，能以平常心視之，不要太沮喪與挫折。與此同時，若心裡想著松有能力改變，且意識到他曾有很好的穩定經驗，能寬闊的接納他的反應，給予適時的引導，他便會快速進入穩定軌道。一旦大人心靈寬闊，應對便不會倡促，小孩的成長便會更穩定（註十二）。

二來松過去遭遇不合己意的情緒反應，長久以來養成一種失控的慣性去應對，在一段穩定的談話與對待模式之後，松逐漸發展新的應對慣性，但舊有的慣性，仍是潛藏於松的內心，仍舊是他使用很久的熟悉模式，如今松即將畢業，轉換到一個新的環境，一旦松遭遇較難面對的事件，舊有的應對習慣可能會重新出現，但伴隨穩定的引導，松情緒衝突的頻率將會減少。

我邀請松再遇到棘手的狀況時，再跟我說，我會一如既往地給予他支持。松上了國中之後，和同學偶有衝突，雖然仍有情緒，也有抗拒暑期輔導的現象，拒絕去學校的狀況，他母親費神地和我通電話，並且努力覺察與改變自己的應對模式，即使在心力交瘁之餘，他母親都未曾放棄，一步步陪著松穩定與進步。與此同時，我曾經到過學校，了解他遭遇的處境，和師長溝通，在角色上讓松感覺有個父兄陪伴。

如今松已經國中二年級，在學校課堂狀況，已經大致穩定，談吐應對比較成熟，情緒偶有震盪起伏，都能夠迅速覺察，談話的方式與內涵，也朝向較深刻的地方發展，讓我感到松很大的進步。

每當我看到他今天的樣子，回首四年前一路帶他的歷程，都讓我覺得教育是一場具有耐性與創造性的工程，而我有幸在不確知答案在何方的狀況下，陪著孩子創造與改變，大概是教育中最讓我投入的理由吧！

■松的回饋

大家好，我是松。大家應該已經看過上幾頁的文章，對於阿建老師的文章，我要給予一些看法。

一，我在作文課，應該沒有哭吧！二、我應該沒有很會鬧吧！三、遙控汽車應該是六百元。

我覺得自己現在進步了，面對挫折時可以很快振作起來。

松的作品。

註一：

遇到情緒起伏比較大，注意力不足過動症（ADHD）、妥瑞氏症（Tourette syndrome)的孩子，我通常會用肢體語言，或者更為平靜的語氣，引導他們心裡的怒氣平復，事後再和他們討論該如何面對。

通常是我必須有意識的覺察自己的呼吸，覺察自己是否可以更平穩的，提供一個溫暖平靜的傳達，但不是去討好他們。有時他們狀況不影響別人，我會暫時忽略，而不是透過嚴肅的語氣指責，或者一連串的說教去指正。因為當他們情緒無法平穩的狀態，想要改變他們的行為與觀念時，往往事倍功半。

註二：

情緒起伏較大的孩子，在團體裡面出現衝突時，常常是受指責的對象，因此他們外在常會出現更大的反抗行動，內在則潛藏深深的自責。因此我先搬出班級規則，而不是針對個人，除了讓情緒衝突較大的孩子有台階下之外，也重新提醒所有人要尊重規則。**即使有人不遵守規則，教師也只是在執行規則，而不是去矯正某個人的行為，問題比較單純。**

註三：

和孩子課後約談，是我經常使用的方法。然而課後約談，並不是教訓，不是說理，不是指責，不是討好，也不是虛應形式，而是傳達師生界線，了解他的感受，探索他的應對模式，傳達關懷與立場。有時會在對談之後，讓孩子下承諾，並且確定承諾，再進行下一步。

註四：

面對這樣的孩子，大人常用說理、指責或討好的方式應對，但通常對孩子幫助不大，因為孩子的情緒不知如何紓解。面對挫折時的選擇，不是將憤怒發在別人身上，就是發在自己身上。通常我觀察的重點，是他重複面對此種處境的應對方式，是如何形成的？他是否喜歡？

而我覺察自己的方式，是否已經陷入某種困境，使用同一種方式卻得不到效果，該如何思考使用不同的思維進入。

我會選擇的切入點，是以理解與接納的心態和他對談，但不代表我們就要喪失界線。當大人以規則回饋他時，大人可以更穩定，也可接納他的情緒起伏，而不是每次以撫平他情緒為目標，處境會較有進展，不會顯得棘手，或原地打轉。

註五：

很多學校與安親班老師告訴我，「會將孩子課堂脫序的狀況，匯整給家長知道，但家長往往很難溝通。」

為何會這樣呢？

家長如果和教師合作，將有利於孩子的成長，而且家長也有權利知道孩子的狀況。但我有疑慮的部分，是教師將孩子課堂的表現，以抱怨或者要家長負責的心態告訴家長，似乎要家長改變孩子的行為。

但是家長對孩子的狀況，也經常感到束手無策，往往變成家長的負擔。或者家長接收了教師的指責，卻成了親子關係的引爆點，對於孩子現狀的改善並無幫助。

因此，我常常思考，教師將孩子的課堂狀況告知家長，背後的目的是什麼？是否達到預期的目的？

當我將孩子課堂狀況告知家長，除了正向的觀察回饋，穩定家長與孩子的心靈之外，還帶著我對孩子的評估，以及我的應對策略，包括未來孩子可能重複發生的狀況，並且表達自己努力的方向，最後談到我的目標。如果家長認同，便邀請家長配合某些不困難達成的目標，而不是批判家長，通常會獲得較好的成果。

註六：

孩子的作文呈現，通常反映某些心靈深層的感受，也常是我了解孩子的管道，我在《作文，就是寫故事》（聯合文學出版）呈現學生阿Q的文章，阿Q母親說他很少說出內心感受，但在故事作文中，藉由故事寫出心中悲傷，讓母親更理解他。當我看到孩子某種呈現，我會對他們有更多理解，但不會為了要了解真相，進一步刻意以此為話題，避免產生壓迫感。

註七：

我常常這樣思索，當最要好的朋友，在某種場合以權威命令我，我的心靈是否會感到挫折？

因此松的行動是內心挫折的表現，我要回應的是他的挫折，而不是單單應對他的行動。但我是一個老師，必須維持班級秩序，讓課堂順利進行，該怎麼辦呢？這是教育現場常遇到的狀況，**教師的第一步是在心中「接納」，接納一個孩子面臨這種處境，心靈產生挫折，卻不知道該如何應對的情況？這樣思考之後的理解，便不容易被憤怒的情緒占據，使問題複雜化。**

但「接納」不代表「認同」他的行為，因此教師的第二個步驟是界線分明，因為我是他的朋友，更是他的老師，因此要以老師的身分跟他對話。

註八：

教師如果討好學生，就會失去師生的「界線」，無助於孩子的成長，也無助於改善情況。這樣的情況常見父母在家中和孩子互動，或者老師在班級經營上的處置，常見的語言就是，「拜託你們幫幫忙！」「可不可以不要再……」「能不能不要再……」常見的心態是求求孩子。常見的內心情緒是焦躁、生氣、難過，一顆心懸著，深怕無法處理好現狀，深怕自己不夠好。

我常邀請教師與大人，在確立師生界線時，先深呼吸三次，感受自己有沒有生氣、有沒有受傷、有沒有難過，如果有的話，承認這些情緒，並且試著縮小情緒，以沉穩的語氣表達。

註九：

通常孩子在衝突中，所產生的語言與行為，都有豐富的意涵在其中。

好比一個乖孩子，拒絕大人送他的棒棒糖，通常從孩子的語言與神色中，可以看出可能包含的豐富意涵，「我真的不想吃。」「我想吃，但是我不好意思拿。」「我想吃，但你要更積極一點兒拿給我。」「我想吃，但是我爸媽期待我不拿來吃。」「我想吃，但不是以這樣的方式。」……

我常透過孩子豐富的意涵，去思考孩子的人際互動和價值觀如何成形。在言行的當下，我常捕捉的意涵不是從負面的反抗思索，而是具有正向層次，或者孩子更深處的渴望，比如有價值、有意義、被接納、愛與被愛，再從這些豐富的意涵導引，給予他們台階，卸下困境的侷限，於是有了後頭松願意回教室聽課的契機。

註十：

在成長的過程中，我通常看孩子的失序與犯錯頻率有沒有減少，而不是嚴格要求他們不准犯錯。

通常孩子重複犯錯時，我仍舊以規條為界線，但會肯定他們已經進步。比如一個上課經常吵鬧的孩子，在某一堂課看得出努力專注，我便會有所回饋，並好奇他是如何辦到的。通常孩子不會有答案，但會感到自己被看到正向價值，當他再次吵鬧，我雖以規條懲處，但是會告訴他，他已經改變不少，雖然這一次沒做好，但是他的努力已經有很大的成效。

在這樣的情況下，我觀察到孩子漸漸變得守秩序，犯錯的頻率也減少了。

但必須注意的是，大人在正向回饋時，是真實的感受，而不是虛應故事，因此說話宜緩慢，宜真誠且專注，孩子的改變會更有效率。

我曾在寫作班開設專班，專門收過動症、妥瑞氏症與亞斯伯格症狀的孩子，十餘個孩子同一班，剛開始吵鬧非凡，但是當孩子們進入教師營造的文化情境，進入真誠的且正向的談話模式，班級經營的秩序被建立，孩子們便很容易導向專注的文化。

最怕的狀況就是，孩子一旦重回不良的慣性軌道，或者偶有犯錯，大人便憤怒的指責，「你怎麼又XXX……」那麼孩子將回到一個負面的暗示，認為自己就是做不好的人，會忽略掉自己有能力改正，忽略自己可以努力，成長的契機便遙遙無期。

註十一：

孩子經常批判最嚴重的狀況，往往是發生在自己身上的言行。

比如我以《死亡筆記本》為題的作文課，我問孩子們擁有《死亡筆記本》會想要使用的人舉手，八成的孩子都舉手了。他們想殺的對象，第一名是同學，第二名是老師。

我很好奇，他們要殺的同學有哪些特質，致使他們想除掉這些同學。他們想除掉的同學多半是那些吵鬧、不守秩序的人。但有趣的是，這些同學自己就是吵鬧且不守秩序的人。指責同學缺點，卻說得振振有詞。

當我觀察到這樣的特點，卻發現不宜直接指正他們：你們自己就是這樣的人啊！如此一來，他們不但不會改正，孩子們反而容易和大人對立。

那怎麼辦呢？

在《死亡筆記本》這一課，我即席編了一個故事：

你們雖然會使用《死亡筆記本》，但其實你們都是心地善良的人，想要行使正義，讓世界更美好。（我發現，當我這樣說，好多孩子都同意地點點頭。）

那是一個細雨下得無邊無際的雨夜，你剛使用《死亡筆記本》處死了班上最糟糕的一位同學，但你心靈並不感到快樂，也不是悲傷，而是充滿一種奇怪的疏離感，很特別的一種感覺，你們能明白那種感覺嗎？（不少孩子點頭）

因為你們是善良的，即使用了《死亡筆記本》。

夜雨漸次下大了，淋濕你的衣衫，淋濕你的心靈，這無邊的雨夜呀！將你淋濕了。你腋下夾著《死亡筆記本》，深怕被雨水浸濕，於是你走入一個廊簷，看著無邊的雨。

雨穿越夜燈，落在地面，有一種淒迷飄渺的迷離感，你卻發現一個缺了手、斷了腳的老伯伯，正在雨夜的路燈下拾荒。善良的你興起了感嘆，因為你能處罰壞人，卻不能幫助這些貧苦的人們，而你是善良的，心裡的感想特別深。

你看到老伯伯拾起保特瓶，卻一個不小心掉了，空洞的聲音迴盪在你耳際，眼見老人又艱難地彎腰撿拾，而你是善良的，敏感的惻隱之心被打動了，不顧夜雨無邊，走到燈下幫老人拾起瓶子，發現老伯伯顏面竟然傷殘了。雨水順著老人的皺紋滑落，讓你心靈震顫，為何這老人會如此可憐？

老伯伯在雨夜中，不停地向你點頭道謝。你不禁問老人，「你沒有家人嗎？怎麼在冰冷的雨夜拾荒？」

老人眼神感激，艱難地告訴你，「我老婆在後面！」

你一回頭，看見一個坐著輪椅的老婆婆，也是缺了手，斷了腳，拚命向你點頭道謝。

你問，「難道你們都沒有親人了嗎？在這樣的雨夜還要工作？」

老人眼眶紅了，艱難地說，「我們唯一的兒子，昨天死於車禍。」

你赫然發現，他們的兒子，正是被你處死的同學。

我問孩子們，當你們知道這樣的處境，還要用《死亡筆記本》處死同學的請舉手！

舉手的人僅剩下原來的三分之一。

因此，當我使用文本和松互動，知道他也會批判這樣的孩子，我通常會思考，該如何幫助孩子覺察，而不是直接批判，通常會得到我想要得到的結果。

註十二：

面對孩子的問題，會變得棘手，通常是大人漠視問題，或者是大人的情緒卡住了，無法好好處理問題，使得大人與孩子的情緒糾結在一起，失去了面對問題的契機。

我的祖師爺薩提爾女士曾說，「面對問題不是問題，如何面對問題才是問題。」

我發現，一般人在面對孩子的問題，最常卡住的部分是情緒，一旦情緒上衝，想要矯治孩子的行為，便複雜許多。如果大人能不被情緒影響，更沉穩平靜面對問題，通常孩子的問題就相對容易了。

卷六 班級經營

與生命經驗連結的對話

薔薇有點兒猶豫，仍然緩緩站出來，擺了一個小太妹的姿態，惹得大家都笑了。她一邊敘述情況，一邊表達當時處境的感受，將一團紙丟到我臉上，並且很入戲的冷眼瞪著我，走回座位，告訴大家「後來以很不屑的表情度過整堂課」。

這幾年我專注作文教學，發現作文課程中的互動要素：敘事、思考與生命經驗，都可以靠對話連結，不僅課程變得有趣，和生命教育也可以更緊密地連結。互動的對話以文本展開脈絡，這樣的思維除了作文，在閱讀與文學領域，應早有人大量使用。

因此我將古典詩詞改編，做成籤詩，安插在有趣的故事中，連結孩子的興趣與生命經驗，更深一層認識詩詞。或者擷取古詩詞，以民謠穿插，用故事穿針引線，連結孩子們熟知的流行歌曲，交織出較為深入寬闊的詮釋。有時候我也以漫畫（註一）、流行話題、動畫與電影交錯古典文學，再搭配台東大學兒文所楊茂秀教授推廣的「故事海報法」，讓小學至大學的學生，得以透過文本，進行更深刻的對話。

這樣的課程形式，有助於課程活潑，解構了過去套裝模式的灌輸，也可吸引孩子參與課堂。更重要的是，藉此更容易和孩子的生命經驗連結，改變孩子的行為，陶養更完整的人格。

因此我將課程改造、師生對話方式與班級經營，視為改變教育現狀的策略之一，也是近幾年著力之處。這些思索與實踐，如同遊戲一般有趣，使我對教育產生較多的興趣。

上述的文學教育探索，我在《移動的學校》曾介紹一部分，未來將再以專著的方式呈現。以下要敘述的，是學生薔薇在課堂的互動，以古典文學為本，呈現生命經驗連結的對話。

對中文課排斥的女孩

薔薇第一次進入自主學習班級，令人印象深刻。她是被逼迫來上課的，姣好的臉龐，凝聚著大規模的怒氣，似乎一觸即發。

她進入課堂之前，瑤華便知會我，薔薇對中文課有極惡劣的印象，在國中接二連三和不同的中文老師爭吵，根本不想上中文課。

課堂進行的是國文課程，教室坐著六、七位學生，還有四、五位家長（註二）。我知道薔薇要來上課，特地準備了較輕鬆的話題，以文學故事穿插其中，卻見薔薇眉頭緊蹙，嘴唇緊繃，一副不耐煩的模樣，似乎一點也不感興趣，一整堂課也沒瞧我一眼。我心知她對中文課有負面經驗，也就不打擾她，不點她問話，也不刻意注視她（Tip1）。

表定的時間下課了，我還口沫橫飛的講著，這是我一年多的慣例，一週一次的中文課程，我總要多講半小時（註三），學生並不反對，但頻頻看錶的薔薇，表現得更浮躁不安了，她以拳頭敲著桌面，以腳踢著桌腳，彷彿要表達心中的抗議。她的行為雖然不至於干擾課堂，卻吸引在座家長的目光，而我始終沒有理會她（Tip2）。

我交代完作業，終於下課了，只見早已收拾好書包的薔薇，怒氣沖沖的跑出教室，拿起話筒怒罵連連。

我站在一旁，聽見她抱怨被騙來此地，課程很無聊，老師不準時下課，趕快來載她離開之類的語言。

我始終沒有和她交談，因為我不了解她，簡單的關心大概派不上用場。

薔薇從第一堂中文課之後，便不見她的蹤影，因為我授課的對象是自主學習的孩子，孩子擁有充分的自主權，可以決定要不要來上課。因此我不能如一般學校教師，利用時間和她接近，改變她對中文，甚至對學習的看法，只有等她哪天回心轉意，我才有機會引導。

連結生命經驗

兩個月後她又出現在課堂，這回少了敵意，笑容如晨光一樣和煦，不再被憤怒占據，和同學也相處甚佳（註四）。她在中文課堂參與度高，個性率真，侃侃而談，並且對第一堂課的應對提出解釋，「因為我遇過的中文老師都很機車，而且那時候又還不認識你！」

語畢，薔薇不好意思地笑了起來。

為了上〈湖心亭看雪〉，我給學生的作業是凝視一個「景」，起碼十分鐘，注視「視界」的顏色、線條、景物與感受，再到課堂分享，他們的陳述頗為動人；上〈子猷訪友〉一課，請他們分享自己訪友的心情，評論子猷的態度，連結印象中朋友的類似行為，讓人莞爾；上〈賣油翁〉時，我請他們先將課文寓意，「所有技巧都能透過長期反覆苦練，而達至熟能生巧之境。」擺在一旁，還原陳堯咨當時射箭的畫面，賣油翁在一旁探看，我在使用薩提爾模式冰山的隱喻，探索他們角色扮演時的感受、期待、觀點與渴望，更深入感受文中角色的心靈，分享生活中類似的事件（註五），從中得到新啟發。

薔薇進入課堂，對於故事角色與劇情，有豐富的回應，我相當欣賞她的率直。雖然她偶爾抱怨古文，抱怨某個作者超沒用，但她都很認真參與。比如我上了好幾週的蘇東坡，她便非常討厭，覺得蘇東坡不夠男子氣魄，如果更灑脫一點兒，就不會寫那些文章「裝灑脫」。

但薔薇從蘇東坡的世界，連結到自己豐富的世界，卻又充滿感性。我從蘇東坡被朝廷冷落，連結他們自身的生命經驗，邀請他們分享，並彼此參與，給予同學一些被冷落後的回饋，來對照蘇東坡的心境與態度。

Tip1：當我還無法和孩子建立初步連結，或孩子相當抗拒課程，我會投注相當時間的觀察，也給予孩子一個空間，不至於一下子被聚焦，而不自在。

Tip2：在孩子沒有干擾課堂的情況下，而我又無法切入或者關心，通常會暫時忽略這個狀況，有助於我更冷靜面對，並思索該如何和孩子連結。

每個人都有類似蘇東坡的生命經驗，每個人的分享都相當細膩，也讓其他同學專注聆聽，那是從古人的生命經驗，延伸到自身經驗的一種討論；薔薇回憶了國小時期，一位交情很好的玩伴，一同玩耍，一同到球場看職棒，卻在某一天，玩伴不再如以往熱情，不久後搬家了，薔薇的心情充滿困惑與低落，內心深處期待玩伴回來，重拾舊時光。玩伴某一日隨父母來訪，卻讓薔薇失望，依舊有種疏離的感覺。

我邀請薔薇將這種感覺，和蘇東坡處境連結在一起，薔薇僅是噗嗤一笑，回應自己不會像蘇東坡這麼沒用，隨即聆聽同學的經驗分享。

上到蘇東坡的烏台詩案，我搭配余秋雨《山居筆記》中〈蘇東坡突圍〉一篇，呈現東坡被誤解，受壓迫者的心靈與應對，邀請他們連結自身經驗，如何回應與自處，並擴及古今中外受壓迫者的心靈，比如司馬遷、蘇武、陳勝與霍布斯邦筆下的平凡小人物。

薔薇的回應，讓我印象深刻。

薔薇提到國文老師的壓迫，讓她相當「不爽」，覺得自己不僅被誤解，更不受尊重。我記得薔薇提到老師發考卷，成績不盡理想，她覺得老師當眾羞辱她，薔薇認為這是一種壓迫，當下她只想要反擊，本能地將考卷揉成一團，丟到老師的臉上。

我邀請她重新呈現當時處境，她很訝異，也很猶豫，表示她不想對我無禮。我告訴她只是演戲，並非對我無禮，我要她重回那個被壓迫的現場，看看自己的對應，心裡面的感受，同學的眼光，再觀照蘇東坡的應對。遑論她是否真被壓迫了，她的心靈感受就是如此，而她應對壓迫的方式，古今中外大有人如此。

薔薇有點兒猶豫，仍然緩緩站出來，擺了一個小太妹的姿態，惹得大家都笑了。她一邊敘述情況，一邊表達當時處境的感受，將一團紙丟到我臉上，並且很入戲的冷眼瞪著我，走回座位，告訴大家「後來以很不屑的表情度過整堂課」。

有人覺得她很酷，有人覺得她很勇敢，也有人覺得她這樣不大禮貌，會有更艱難的處境。

我和她互動當時心境，是否會懊惱或後悔。她雖說不會，但表明那次丟完紙團後，便不再去學校上課了，心情也大受影響，這樣是不是更吃虧呢？有沒有更好的做法呢？我的問題沒有答案，僅想透過蘇東坡的處境，連結他們的生命經驗，創造多元的感覺與思考。

薔薇和我越來越熟稔，我感覺她越來越柔軟，態度越來越可親，在中文課程也很專注。有一次我到附近學校演講，她還跟我一道前往，想知道我一天到晚演講有何趣味。她跟著聽講的學生專注聆聽，跟著孩子們一起笑，課後孩子們圍住她，稱呼她美麗的大姊姊。

我看見她溫婉和善的回應這些孩子們，腦海裡面卻回想起一個畫面，那是她第一次來上中文課的樣子，還有在課堂重現受壓迫者的樣貌，感覺她長大不少。

將文本連結生命經驗，不僅讓孩子參與文本，也對生命與生活有所啟發，這是一舉兩得的事情。

我記得有一次上完〈晚遊六橋待月記〉，連結了《阿拉斯加之死》與《轉山》。有位孩子隔日便帶著《阿拉斯加之死》，走出家門，步行到咖啡廳閱讀。雖然離家不遠，卻也是一小段漂流，回來後分享步行觀察的人物，聆聽的聲音，對世界與生活有了新的覺察，都是透過文本與對話，便能更深入了解孩子，幫孩子更深入參與這個世界了。

但教師必須面對的難題是：當孩子呈現的觀點，與主流觀點或標準答案不同；當孩子呈現的感受，和我們經驗的感受非常陌生；當孩子在行為上的反應，和我們期待的反應大相逕庭。教師能以更寬闊的引導，更積極的聆聽，讓孩子的意見與心靈充分表達，藉由文本，藉由探索，達成更多向的互動，使得他們更深入進入文本，也進入自己的生命情調。

■薔薇的回饋

許久以前，當我還在體制內學校，忙著跟師長們為了不合理的規定抗爭，根本無心於學習。尤其，與我最不睦的班導是教中文的，因此更加深我對中文的厭惡。如此過完國一整個學年，我對學習中文的興趣，幾乎已經盪到了谷底。國二我轉學到了另外一所學校，因為對轉到新學校不適應，再加上這所新學校讓我也非常憎恨的班導也是教中文，所以我可以說是恨透中文了。

在轉到那所新學校兩個多禮拜之後，我就不再去學校了。過了大概兩個多月後，我第一次來到千樹成林，參加一個共學團體開的中文課，當時我還沒有從體制內學校壓迫的噩夢中逃脫出來，所以第一次的上課效率並不是很理想。

再過三個月，我對於自己心情及情緒的調適慢慢平復，所以我再度踏進千樹成林。這時，我是以一個全新的心境，來上中文課，但我同時也很擔心，既期待又怕受到傷害。一踏進教室，好幾雙眼睛都盯著我看，這讓我感到十分不自在。從小到大，我不管到哪裡，都很難融入一個新團體，這也是我必須要克服的一個重要問題，於是我改變了我的心態。好在教中文課的老師是一個很特別的人，他用了很輕鬆愉快的方式，讓大家自我介紹，讓我覺得很安心。在這裡的上課方式，跟在體制內學校上課的感覺很不一樣，把很大的空間留給學生，自由的讓學生談論對很多事情的看法。那學期中文課的前半段，我們都在上蘇東坡，我們讀了很多他所創作的文學，每一堂課，我們都會拜讀一篇蘇東坡的作品，像是一首詩，或者是一篇短文。然後，這堂課的老師會帶動大家討論，而且也很專心的聆聽我們表達。

其中某一堂課，更是讓我體會到老師有多麼的特別！那一堂課我們在談論蘇東坡受到的壓迫，老師也要我們談談我們每個人受到了什麼壓迫。

我說了！說了我在受到壓迫時，是如何反擊回去。而老師竟然也要我們每個人現場模擬當時的情形，而我也照做了！我把紙張揉成一團，丟到中文老師的臉上，就像我當時把考卷丟到體制內學校班導臉上一樣。

在那當下，我受到很大的震撼和刺激，瞬間了解我是一個怎樣的人，相信別人也會因此而更了解我這個人。雖然這堂課並不是自我探索課，或是心理諮商的課，但藉由課堂上同學之間的討論，我更了解了在家自學，需要自己多大的動力和努力，所以我會繼續支持自己走上自學這條路。

註一：比如《死亡筆記本》探討權力與死刑，可以連結到歐陽修的〈瀧岡阡表〉。

註二：我為自主學習的共學平台，上了兩年中文課，課堂是開放的，所有人都可以進來旁聽，因此常有家長跟著孩子一起上中文，更有家長每堂課都跟著上，比如阿桔一篇寫回饋的陳裕琪即是參與了近兩年。

註三：因為中文課一週一次，一次一個半小時，在我無法另闢時間，增加時數的狀況下，拉長了每堂課的時間。

註四：薔薇的母親接受建議，那段期間讓她和諮商師談話，回來後轉變非常大。

註五：我將Satir模式中，生存姿態的雕塑，轉而以課本人物呈現。比如以學生A扮演陳堯咨射箭的場景，請學生B扮演旁觀的賣油翁，以Satir模式中冰山的感受、觀點與渴望連結，道出扮演學生的內在，再請同學分享生活中類似的經驗，讓課堂呈現更豐富的面貌，也讓學生更參與文本，提出感想與批判。

教育的挫折

三十幾個孩子沒有人移動，只見一位國中女生，將手插在口袋，冷冷地瞪著我說，「為什麼我們要聽你的？為什麼我們不能自己分組？」

我發現所有孩子都在等我回答，連後頭的家長們也都抬起頭來。

我只感覺頭皮發麻，冷汗直流，心想，「毀了！毀了！」

二〇〇三年我出版《沒有圍牆的學校》，很多人看完書之後，到山中參訪這所體制外學校，卻令來訪的讀者大失所望，認為現實的狀況並不如書中美好。

我當時很困惑，我並沒有將學校寫得美好啊！我寫孩子的調皮、搗蛋、不掃地、不進課堂、叛逆與吵鬧，我以為講得很明白。

同事張天安開玩笑似地告訴我，「你沒有美化學校，但是你『美化』了挫折。」

張天安的話沒有錯，我的確是美化了挫折。因為我在教育路途上，每遭遇一次挫折，都帶來一些反省，還有一些腳步的調整，挫折便轉化成一股力量，現狀也就有了轉圜。我始終記得，所學習的薩提爾模式有一個信念，「『問題』不是問題，如何『應對問題』才是問題。」因此挫折也就不是大問題了。

在教育這條路上，誰沒有挫折呢？孩子不可能永遠聽父母的話，學生不可能永遠滿足老師期待，挫折乃理所當然。

然而遇到挫折時，心裡真難受，常讓人陷入情緒之中，找不到方向。以往我身為教師，也是如此，幸運的是我從支持團體中，學會如何調整自己，正視自己價值，發展出有效的能量，才逐漸走入學習薩提爾模式的領域，熟悉冰山隱喻的連結。

我經常到社區，以及各級學校，為父母與教師講座，感受最深的，就是他們在教育之路上遇到挫折，卻不知道該如何是好，折損了父母與教師的能量。因此我有一個天真的想法，若是有帶領團體經驗的人，定期為這些教師與父母，以教育支持團體的型態，透過傾聽、支持與引導，將教師與父母的挫折化為正向力量，教育之路也就不會那麼艱難了。

當我在學校任教時，曾經在支持團體中，獲得強大的支持與力量，也使得日後在教育上遇到挫折，能更迅速調整自己的心靈。我所使用的方法，正是本書開頭處所介紹：**深深呼吸，覺察內在情緒，承認情緒，身心便能有初步的安頓，回應的語言與姿態將有別於不覺察的狀態。**

我常常分享覺察的狀態，剛開始要養成慣性最困難，因為我們鮮少有這樣的經驗，當逐漸覺察習慣，便會養成每一個當下都能覺察，每一個當下都有細微的內在變化，而這個過程不需要花很多時間，很快地就能逐漸了解如何安頓自我，也能感受到自我的變化。

吵鬧不堪的示範講座

二〇〇六年春天，我應某學校家長會長之邀，為小四的孩子講三節課的樂府詩與民謠，順便讓學校老師觀摩。行前我戰戰兢兢，忐忑難安，心想小四的孩子如何喜歡樂府詩？如何聽懂Joan Baez？如何進入Bob Dylan？

但邀約我的會長拍胸脯保證，孩子們天資聰穎，喜歡詩歌，更喜歡音樂，請我務必分享一場精采的課程。

教室裡三十幾個孩子，熱情歡迎我，教室後面還有十來個教師與家長旁聽。

然而歡迎是短暫的，考驗是漫長的。自從我講樂府詩那一刻開始，我便冷汗直流，因為孩子果真坐不住，原本安靜的班級，漸漸有人聊天、有人埋首自己的事、有人和隔壁同學打鬧，更有人讀自己的書。

偌大的教室，似乎僅有教師與家長專注聆聽，其他孩子們根本心不在焉，後面的班導師已經忍不住，站起來管理秩序了。

好不容易熬過一節四十分鐘的課，我有了一個喘息的機會，趕緊向會長抱歉課堂經營不善，期待下一堂課能掌握得更好。

想不到會長板起臉孔，諄諄告誡我，「李老師！你怎麼這樣上課啦？你講的那些詩，孩子怎麼可能會喜歡？你應該放音樂啊，我們的孩子喜歡聽音樂啦！」

當下我只能聆聽教誨，從善如流，頻頻點頭馬上改進，無能辯解這是誰的主意。要我向小四的孩子講民謠與樂府，根本就是一場惡夢。

第二堂課的鐘聲響起，孩子恭敬地向我敬禮問好，像一群可愛的天使。但當我播放Joan Baez唱的民謠Donna Donna時，孩子們又坐不住了。對我而言，Joan Baez如夜鶯般的歌聲動人極了，DonnaDonna的曲調應是孩童就能欣賞，如此好聽又動人的音樂，他們怎麼會無法進入？學生一個個脫下天使的外衣，變成超級大惡魔，剛剛吵鬧的狀況又回來了。

我的額頭開始冒汗，內心開始煎熬，頭腦發脹不安。當音樂播放完畢，要和他們討論聆聽的感想，卻沒有人理會我，即使有人回應我，也只是頻頻說好難聽喔！孩子們各行其是，竟然還有人拿起一顆皮球傳了起來，我望著混亂的狀況，一時之間慌了心神，說話都不知所云了。

更令人尷尬的是，那顆皮球沒傳好，一蹦一跳的彈到了講台前面。我親眼目睹著一顆皮球，朝我跳過來，我該沒收？或者還給孩子，還是視而不見？

然而我腦子裡流轉著更多念頭：我很想發飆，訓斥這群孩子，為何不好好上課；我很想不理睬他們，繼續進行我的課程，只要煎熬地再撐完兩堂課就結束了；我也很想乾脆拂袖而去，讓他們好好反省？這樣的學生，根本不想學習，我要如何上課？還有我實在無能極了，還有臉來教學示範呢！應該承認失敗，趕緊離開吧！

但上述選擇對我都不是絕佳選項，我該怎麼辦？感覺此刻已經汗流浹背。

我很沮喪，腦袋一片空白，最後一句話也說不出來，在講台前坐下來思索，怎麼這麼荒謬呢？我搞成這樣，竟然受邀來示範教學？

我將臉埋在手掌中，看著孩子吵鬧，不知該如何是好？（Tip1）

有孩子注意到我了，朝鄰座示意小聲一點兒，也有孩子說，「安靜一點兒啦！老師生氣了。」頓時，安靜的訊息傳遍整個班，孩子們都靜悄悄地注視著我。

有孩子開口關心，「老師，你怎麼了？」

還有孩子說，「老師，你看起來有心事喔！」

我點點頭，不知道如何上課，這也算心事吧！

「老師，我爸爸說有心事要說出來，不然會生病喔！」

聽到孩子這樣說，我很想笑出來，他們還是很可愛。

與此同時，我深深呼吸，覺察心裡的憤怒、難過、無奈與煩躁。我感到逐漸安頓，身心平靜下來，並且在心中告訴自己：**我很勇敢，即使沒有做好，仍應該欣賞自己的挑戰，並且透過這個機會，更了解孩子。**（Tip2）

Tip1：雖然不知如何是好，但是這樣的「停頓」，常是有效解決紛亂或者讓自己靜心的方法之一。

Tip2：透過自我對話，和自己的渴望連結，便能產生出正向力量。

這個內在的覺察，若以圖像來說，就是一幅薩提爾模式的冰山圖，於內在流轉。我記得剛開始學習以冰山覺察內在，常不得其門而入，或者緩慢而成效不顯著。但覺察久了，我逐漸明白了其中訣竅，這是從覺察並非頭腦層次的理解，而是從感受出發，探索自己的深層觀點。這個程序使得情緒安頓了，思緒也變得清晰，而且只要稍微練習，便能瞬間完成覺察與安頓。這個方法，最簡便的模式，就是本書所提的，深呼吸覺察，承認情緒，整理情緒，再回應外界，而發展於外在，比較趨近於一致性的姿態。

當我整理完自己，我順勢問剛剛講話最大聲的孩子，「如果我說了，你會幫我嗎？」

那孩子目光誠摯地點點頭。

我又指著另一個男生問，「那你呢？你會幫我嗎？」

那男生偏著頭想了一下，很聰明的回答我，「你先說說看，我再考慮。」

我問了班上幾個孩子，都得到差不多的答案。

隨後我深呼吸了一口氣，將選擇題丟給他們，「我剛剛上課，非常沮喪，因為班上亂哄哄，講話的講話，玩球的玩球，沒有人在意我。我很好奇，是不是你們討厭我？還是你們故意搗亂？或者你們聽不懂？也許你們沒興趣？要不然怎麼都不尊重我呢？」（Tip3）

班上的孩子七嘴八舌的回應。

我針對上述選項，做了一個調查。結果票數最高的是，「聽不懂！」

課程進行到這兒，不是我預先安排的，但此時他們已經參與了課堂狀況的討論，我已經不沮喪，而且感到新鮮且有活力。**我和孩子們一起討論「平常上課聽不懂時，他們怎麼辦？」**

他們的答案很有趣，「回家問父母。」「下課問同學。」「去補習班就會了。」「管他的。」「聽不懂就不上課了。」……

這個班級我僅是來一次性的講座，並非長期經營，因此還未建立屬於我的班級文化，但是我可以透過討論，建立短期的教室規則，剛剛我以趨近一致性的姿態，和他們討論課堂發生的狀況，討論的過程沒有指責，沒有討好，沒有太多說理，沒有打岔，因而聚焦了我們的目標，可以建立一個屬於我與他們的課堂規則。

我邀請他們在我的課程裡，遇到聽不懂時舉手發問，不要白白浪費時間，並且不可以聊天與玩耍，我會盡量讓他們都懂。與此同時，我制訂了課堂規則，吵鬧的人會被我罰站一陣子。

孩子們都答應了，我再重新確認，感謝他們的配合。

第三堂課的狀況改變了，絕大部分的學生專注聆聽，還有孩子被音樂感動而落淚。

從示範教學，到嘈雜不堪的課堂，最後回到我期望的軌道，對我而言是難堪的過程，卻也是美好的經驗，但我感受到從自身覺察，到一致性的態度應對學生，再建立規則的意外經驗。

TIP3：通常我不會單只是抛出問題，那會使局面僵在那兒，得不到完整的回應，於是我將幾個選項整理，以選擇題的方式問話，再開放地列入「其他」選項，有助於迅速聚焦問題。

表演36房學生的抗拒

受邀在外為孩子講座，最怕課程不精采，孩子不捧場，聽眾打瞌睡或者坐不住，都會影響講者的心情。

我曾在木柵的表演36房，為孩子講授童話改寫課程，這門課程先選定一個童話，比如白雪公主、國王的新衣、夜鶯與玫瑰等大夥兒耳熟能詳的童話，改寫成各類型的劇本，注入偵探、悲劇、喜劇或鬧劇等元素，以分組集體創作的型態，引發孩子的參與改編，再分組以戲劇或說故事發表創作。（註一）

當天我選定白雪公主的童話，和孩子們分享，並且討論什麼是「悲劇」。後頭照例坐了二十來個教師與家長。三十餘個孩子們熱情參與，思緒迸發，我原以為這會是一次美好的示範課程。

沒想到要進行分組討論了，我請他們1至4輪流報數，打算分成四組，集合每個相同數字的孩子同組，但這群孩子們抗議了，為何不讓他們自行分組呢？

我告訴這些初見面的孩子們，這樣分組問題少，請他們聽我這位「老師」的意見，趕緊往四個角落討論劇情。

三十幾個孩子沒有人移動，只見一位國中女生，將手插在口袋，冷冷地瞪著我說，「為什麼我們要聽你的？為什麼我們不能自己分組？」

我發現所有孩子都在等我回答，連後頭的家長們也都抬起頭來。

我只感覺頭皮發麻，冷汗直流，心想，「毀了！毀了！」

為何不讓他們自行分組呢？依照過去的經驗，孩子自行分組糾紛多，耗費的時間也長，而且有些弱勢的孩子找不到組別，沒有人願意同組。為了避免這樣的情況，我選定了最簡化、最方便的分組形式，只是孩子們有自己的想法。

我心裡乾焦急一陣子，怎麼辦呢？我深呼吸緩和情緒，覺察自己的焦慮與恐懼，並且告訴自己，即使遇到再壞的狀況，也不過是一場學習的過程，有什麼好在意呢？

我決定讓孩子們自行分組，但也將我的顧慮與擔憂告訴他們。

為首的女孩聽了我的顧慮，只是冷冷地說，「我們不會發生那樣的情況！」

我要相信她或他們嗎？既然我要讓他們分組，一定要相信他們，但我也一定要預先準備，若是遇到狀況，我有沒有備案？我問孩子們，「如果發生那樣的狀況，可不可以交給我分組？」

女孩點點頭，算是答應我了。我另外交代孩子們，「分組的時候，要尊重每個人的意見，不可以脅迫，不可以勉強他人。」

這場師生意見的對抗賽，就在這裡落幕了。

當課程圓滿結束，我吁了一口氣，後頭觀摩的家長鼓掌向我致意，並且稱讚我，「怎麼能這麼冷靜處理問題？遇到孩子的反抗，一點兒也沒有慌張。」

家長們哪裡知道我頭皮發麻，汗流浹背？哪裡冷靜呢？那些冷靜的過程，是在覺察自己內在之後，才得來的淡定寧靜。

寫作班一隅

示範課程都會發生意想不到的挫折，何況是一般課堂？

很多人對我的上課方式與內容感興趣，常問我可不可以隨班觀摩，我都爽快答應，但並不表示課程一定成功。

有一回我上古典音樂電台，接受主持人專訪，會談間主持人對於我介紹的課程頗感興趣，主動來課堂旁聽。那天的課程是小三的作文，主題是「神豬」，我在課堂上講了一個很不精采的故事，自己都覺得故事乏善可陳。

孩子們本來很有耐心，等待著故事會不會有轉折，但眼看著時間點滴過去，故事仍然沒有起色，有孩子不耐煩了，舉手告訴我，「阿建老師！今天的故事好無聊喔！」

面對孩子真誠的表達，我自問課程上得真不精采，他們的看法和我一樣呀！

「對呀！我也有這種感覺，故事真的滿無聊的。」我坦承故事講得不好，這是我和孩子互動的過程中，經常看得見坦誠的對話，這是班級經營裡的文化。

又有孩子舉手了，「阿建老師，這麼無聊的故事，為什麼我們還要坐在這兒上課？」

更多孩子呼應著。

這些孩子很天真，並不會因為課堂有人旁聽，而給予老師面子，很真實反映了課堂的狀況。

我沉思了一會兒，我的內在有一絲微弱的不安，深呼吸之後，內在便穩定而思緒清晰，轉成欣賞孩子的率真了。我回答他們，「真是不好意思，今天的故事只能講成這樣了，不過，我並不是每堂課都無聊的，你們可以給我一點兒時間？或是接受一堂不夠精采的課嗎？」

孩子紛紛答應，表示可以理解。隨後我們進行了剩下的課程，我自覺故事還是不精采，但孩子們仍舊專注認真。

課後，主持人過來安慰我，「李老師，我覺得你今天講得很精采呀！你們的小孩太無禮了啦！」

我認為孩子只是真實表達，並沒有不禮貌。

我並且深深體會，挫折是一種心裡的感受，若能坦誠面對，可能會看到更多美好的景致，經驗更多豐富的感受。

挫折，也就不會是挫折了。

註一：這個課程是我在體制外學校授課時，玩出來的一門課程，完整的介紹收錄於《移動的學校》一書。

國家圖書館預行編目資料

麥田裡的老師／李崇建著. --初版. --臺北市:
寶瓶文化, 2012. 03
面； 公分. --(catcher；49)
ISBN 978-986-6249-76-1（平裝）

1. 親職教育 2. 親子關係 3. 師生關係

528. 2　　101003610

寶瓶 AQUARIUS

catcher 049

麥田裡的老師

作者／李崇建

發行人／張寶琴
社長兼總編輯／朱亞君
副總編輯／張純玲
資深編輯／丁慧瑋　編輯／林婕伃
美術主編／林慧雯
校對／張純玲・陳佩伶・劉素芬・李崇建
營銷部主任／林歆婕　業務專員／林裕翔　企劃專員／李祉萱
財務／莊玉萍
出版者／寶瓶文化事業股份有限公司
地址／台北市110信義區基隆路一段180號8樓
電話／(02)27494988　傳真／(02)27495072
郵政劃撥／19446403　寶瓶文化事業股份有限公司
印刷廠／世和印製企業有限公司
總經銷／大和書報圖書股份有限公司　電話／(02)89902588
地址／新北市新莊區五工五路2號　傳真／(02)22997900
E-mail／aquarius@udngroup.com

著作完成日期／二〇一二年一月
初版一刷日期／二〇一二年三月二十六日
初版二十七刷日期／二〇二三年一月三日
ISBN／978-986-6249-76-1
定價／三〇〇元

AQUARIUS 寶瓶 文化事業

愛書人卡

感謝您熱心的為我們填寫，
對您的意見，我們會認真的加以參考，
希望寶瓶文化推出的每一本書，都能得到您的肯定與永遠的支持。

系列：catcher 49　**書名：麥田裡的老師**

1. 姓名：__________　性別：□男　□女
2. 生日：____年____月____日
3. 教育程度：□大學以上　□大學　□專科　□高中、高職　□高中職以下
4. 職業：__________
5. 聯絡地址：______________________________
   聯絡電話：__________　手機：__________
6. E-mail信箱：______________________
   □同意　□不同意　免費獲得寶瓶文化叢書訊息
7. 購買日期：____ 年 ____ 月 ____日
8. 您得知本書的管道：□報紙／雜誌　□電視／電台　□親友介紹　□逛書店　□網路
   □傳單／海報　□廣告　□其他
9. 您在哪裡買到本書：□書店，店名________　□劃撥　□現場活動　□贈書
   □網路購書，網站名稱：________　□其他________
10. 對本書的建議：（請填代號　1. 滿意　2. 尚可　3. 再改進，請提供意見）
    內容：__________
    封面：__________
    編排：__________
    其他：__________
    綜合意見：______________________________
11. 希望我們未來出版哪一類的書籍：______________________

讓文字與書寫的聲音大鳴大放

寶瓶文化事業股份有限公司

（請沿此虛線剪下）

廣　告　回　函
北區郵政管理局登記
證北台字15345號
免貼郵票

寶瓶文化事業股份有限公司　收

110台北市信義區基隆路一段180號8樓

8F,180 KEELUNG RD.,SEC.1,

TAIPEI.(110)TAIWAN R.O.C.

（請沿虛線對折後寄回，謝謝）